오늘부터
시작하는
탄소중립

기후위기 시대,
우리는 무엇을 입고 먹고 탈까?

오늘부터 시작하는 탄소중립

권승문 · 김세영 지음

곰곰

건물에서 사용하는 전기와 냉난방으로 인한 온실가스는 전 세계 배출량의 17.5%를 차지합니다. 우리나라만 살펴보면 전체 배출량의 21%가 건물과 관련되어 있어요.

철강, 석유화학, 시멘트 등 산업 분야에서 배출하는 온실가스 배출량은 전 세계 배출량의 29.4%입니다. 최근 정보통신산업이 성장하면서 전기 소비량이 빠르게 늘었어요.

패션산업은 전 세계 온실가스 배출량의 10%를 차지하고 있습니다. 패스트패션의 등장으로 1년에 1,000억 벌의 옷이 만들어지고 그중 3분의 1이 버려지고 있어요.

전 세계 온실가스 배출량의 26%가 먹거리의 생산·유통·소비 과정에서 배출됩니다. 이 가운데 버려진 음식물 때문에 발생하는 온실가스가 6%나 됩니다.

자동차와 비행기, 선박, 기차 등 수송 부문은 전 세계 온실가스 배출량의 16.2%를 차지합니다. 또한 관광산업의 온실가스 배출량은 전 세계 배출량의 8%라고 해요.

머리말 > 탄소중립과 좋은 삶

2022년 3월 9일은 제20대 대통령 선거일이었어요. 선거를 앞두고 청년기후단체 네트워크 '플랜제로'는 제20대 대선이 최초의 '기후 대선'이 되어야 한다고 주장했습니다. 이를 위해 대선 후보들에게 기후위기를 주제로 토론회를 열자고 제안했지요. 환경단체와 학자 들도 기후위기에 대한 논의가 제대로 이루어져야 한다고 입을 모았습니다.

하지만 결국 기후위기와 탄소중립을 주제로 한 대선 토론회는 열리지 않았어요. 탄소중립을 대선 공약으로 내건 후보들도 있었지만, 아쉽게도 대선 후보들이 탄소중립을 이야기하고 토론하는 모습을 볼 수는 없었습니다. 그래도 새로운 대통령이 탄소중립을 위해 열심히 일하기를 바랍니다. 왜 시작부터 정치 이야기냐고요?

정책과 정치를 말하지 않고 기후위기와 탄소중립을 이야기하기가 어렵기 때문이에요.

또 한 가지 이유가 더 있습니다. 이 책의 결론 중 하나가 '좋은 삶을 위한 정치'이거든요. 정치는 국회의원이나 장관, 대통령과 같은 정치인만 하는 것이 아닙니다. 좋은 삶이 무엇인지 질문하고, 누구와 어떤 세상에서 살고 싶은지 생각하고 말하고 행동하는 모든 과정이 삶의 정치라고 할 수 있어요. 기후위기와 탄소중립이라는 어려운 이야기를 여러분에게 전하는 것도 좋은 삶의 기준을 새롭게 만들어, 좋은 삶을 함께 꾸려나가기 위해서랍니다.

이 책을 쓴 우리 두 사람은 녹색연합이라는 환경단체에서 처음 만났어요. 2011년 일본 후쿠시마 원자력발전소 사고 이후, 우리나라가 원자력발전소 없는 안전한 세상이 될 수 있기를 바라며 함께 적극적으로 활동했지요. 전국 곳곳에서 발생하는 에너지 관련 문제를 해결하기 위해 강원도 삼척시와 경상북도 경주시와 영덕군, 부산시 기장군 등을 오갔습니다. 그러면서 기후위기와 에너지 문제가 우리 삶과 결코 떨어질 수 없다는 사실을 깨닫게 되었어요. 하지만 기후와 에너지라고 하면 사람들은 '어려운 문제'라는 생각을 먼저 합니다. 시민들과 어떻게 이 이야기를 나누고 함께 할 수 있을까 하는 것이 저희의 오랜 고민이었습니다.

이제는 탄소중립이라는 단어를 모르는 사람이 별로 없을 겁니다. 언론이나 기업에서 탄소중립을 자주 언급하고, 관련 책도 많이 나오고 있으니까요. 이 책에서도 기후위기와 탄소중립 문제가 사람들의 삶과 어떻게 연결되어 있는지를 들여다볼 거예요. 그리고 여러분은 탄소중립이라는 과제가 우리의 일상과 밀접하게 맞닿아 있음을 하나하나 확인하게 될 겁니다.

우리가 유행에 따라 옷을 얼마나 낭비하고 있는지 알아보고, 지구를 생각하는 패션은 무엇인지 고민해 볼 겁니다. 또 우리가 먹는 음식이 어디에서 오고 있고, 환경에 미치는 영향이 얼마나 되는지도 생각해 봅니다. 우리가 늘 이용하는 자동차와 버스, 기차, 비행기 등의 교통수단이 어떤 문제를 일으키는지 살펴보고, 우리가 사는 집과 마을, 도시와 농촌이 어떻게 바뀌면 좋을지 상상해 볼 거예요. 여기에 지구환경과 사회, 이웃이 공존할 수 있는 세상을 위해 선택할 수 있는 직업은 무엇인지 생각해 보면서, 더 좋은 미래를 그려 보는 데까지 나아가 볼 거예요.

이 책을 쓸 때, 어떻게 하면 여러분이 '탄소중립'을 좀 더 쉽게 이해하도록 도울 수 있을지 고민했습니다. 어려운 이야기이지만 최대한 쉽게 쓰려고 노력했는데, 성공했는지는 잘 모르겠네요. 성공했다면, 책을 쓰는 데 많은 도움을 준 휴머니스트 출판사의 편집부 덕분입니다. 간단치 않은 일이었지만 여러분에게 꼭 전하고 싶었던 메시지를 떠올리며 책을 썼습니다. 기후위기와 탄소중립이라는 어려운 이야기도 결국은 우리가 어떤 삶을 살 것인가에 관한 일이라는 것이지요.

막상 내가 살고 싶은 삶을 그려 보려고 하면 막막할 수 있습니다. 기후위기가 심각해지고, 불평등이 심해지고 있다는 사실도 알겠고, 경제성장이 반드시 행복을 가져다주는 건 아니라는 것도 알겠는데, 그래서 어떻게 해야 하고, 어떻게 살아야 하는지는 막연하지요. 그래도 이 책이, 여러분이 좋은 삶이 무엇인지 좀 더 구체적으로 질문하고 그 답을 찾아가는 데 도움이 되기를 바랍니다. 책을 읽으며 생겨난 궁금증과 소망을 주위 친구들, 어른들, 부모님, 선생님과 함께 나눌 수 있으면 좋겠습니다.

권승문·김세영

목차

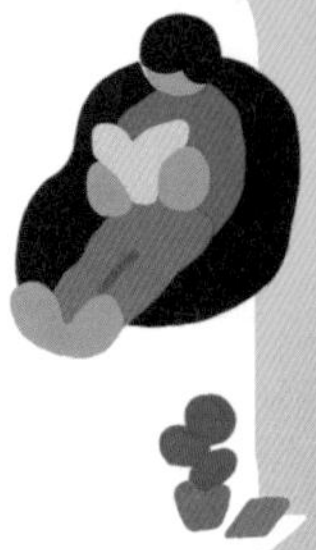

일러두기

환율은 한국은행 경제통계시스템의 2021년 평균 대원화 환율을 기준으로 했다.

01

뜨거워지는 지구, 변화하는 기후

1950년에 60억t이던 전 세계 이산화탄소 배출량은
2019년에 6배 이상 늘어나 367억t이 되었다.

"북극곰이 삶의 터전을 잃지 않도록 지금 전화 주세요." 국제 환경단체의 TV 광고에는 여전히 북극곰이 주인공으로 등장합니다. 지구온난화로 북극곰의 서식지가 파괴되고 있다는 것이지요. 그런데 북극의 빙하가 녹으면 북극곰만 위험에 처할까요?

2020년은 전 세계의 기온이 기록적으로 높은 해였습니다. 러시아 시베리아의 6월 기온이 38℃로 역대 최고를 기록했고요. 호주에서는 2019년 9월부터 2020년 2월까지 산불로 인해 우리나라 국토 면적의 2배 가까이 불탔습니다. 2021년에는 이탈리아 남동부의 낮 기온이 48.8℃까지 치솟아 유럽의 역대 최고 기온을 기록했고, 폭염과 건조한 날씨 때문에 터키와 그리스 등 지중해 지역이 산불의 중심지가 되고 있습니다.

지구온난화 현상이 인류를 포함해 지구 위 모든 생명체의 생존을 위협하고 있는데요. 사실 이것은 극히 일부 사례에 불과합니다. 세계 곳곳에서 폭염, 폭우, 폭설, 태풍, 가뭄, 홍수, 한파 등 이상기후가 일상화되고 있습니다. 우리 일상을 크게 바꾼 코로나바이러스감염증(이하 코로나19)도 기후변화와 관련이 있다고 하지요.

북극곰의 이미지로는 충분히 담아내기 힘든 일들이 기후변화의 결과로 일어나고 있습니다. 기후변화가 얼마나 심각한 '위기'를 가져올지, 기후위기를 막을 방법은 무엇인지 살펴봅시다.

지구 온도는 지금도 상승 중

인류세, 인간이 만든 변화

이제는 기후변화 이야기가 낯설지 않습니다. 뉴스나 다큐멘터리는 물론이고 국내외 주요 기업의 광고에서도 기후위기를 이야기하지요. 최근에는 '친환경 예능'까지 방영되었습니다. 이렇게 기후위기에 대한 사람들의 관심이 늘고, 기업들 스스로도 책임지는 경영을 하겠다고 약속하는 것을 보면 희망이 있는 것 같기도 해요. 하지만 전문가들은 우리가 사는 이 지구가 시간이 얼마 남지 않았다고 말합니다. 그렇다면 현재 기후변화는 얼마나 진행된 것일까요? 우리의 지구는 얼마나 뜨거워진 걸까요?

2011~2020년의 지구 평균 표면 온도는 산업화 이전(1850~1900년)

과 비교했을 때 1.09℃ 상승했습니다.[1] '지구의 평균온도가 1℃ 상승했다는 게 그렇게 큰일인가?' 하고 생각할 수도 있지만 지구 평균온도는 말 그대로 지구를 대표하는 온도, 즉 지구상 모든 지역과 계절의 평균값이라는 점에서 중요한 지표입니다. 사람의 체온과 비슷하다고 볼 수 있어요. 사람의 정상체온이 보통 36.5℃라고 하지요. 36.5℃ 위아래로 1℃ 범위 안에 있으면 정상으로 판단하지만, 그 이상 벗어나면 건강 위험 신호로 여겨질 수 있습니다. 지구도 마찬가지예요. 지구의 평균온도가 정상범위를 크게 벗어날 경우 지구상에 생명체가 살 수 없게 될 수도 있습니다.

46억 년이라는 긴 지구 역사를 돌아보면 지구의 평균온도와 기후는 늘 변화해 왔습니다. 생명체가 살지 못한 때도 있었어요. 하지만 약 1만 년 전에 끝난 마지막 빙하기 이후 우리는 더없이 포근하고 안정적인 기후에서 살고 있습니다. 지구의 기후가 큰 변화 없이 안정되었던 이 기간에 인류는 찬란한 문명을 꽃피웠지요.

현재 우리가 살고 있는 이 시기를 지질학적으로 홀로세(Holocene)라고 부릅니다. 지질시대는 전 지구적 지각변동이나 공룡 멸종처럼 생물체의 등장과 소멸 등을 기준으로 누대, 대, 기, 세 순으로 나눕니다. 쥐라기, 백악기 같은 용어를 들어본 적 있을 거예요. '세(epoch)'는 이 '기(period)'보다 한 단계 작은 단위입니다. 홀로세는 약 1만 년 전부터 현재까지의 지질시대를 말하지요.

1850~1900년 대비 지구 표면 온도의 변화

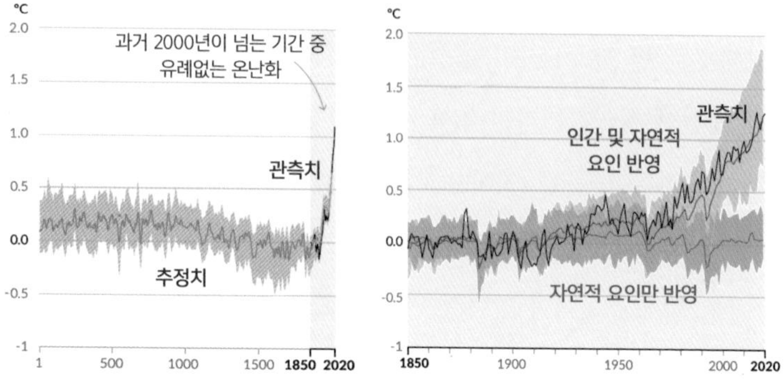

* *자료: IPCC(2021)*

* *기준선(0)은 1850~1900년 평균값이다. 왼쪽 그래프는 10년 평균값, 오른쪽 그래프는 연평균값을 나타낸 것이다. 실선은 여러 모델의 평균값, 음영은 가능성이 매우 높은 추산 범위다.*

18세기 후반 인류문명이 발달하고 산업화가 이뤄지며 석탄과 같은 화석연료 사용이 늘었습니다. 화석연료 발견과 증기기관 발명은 인류의 삶을 획기적으로 바꾼 동시에 자연환경도 변화시켰어요. 경제가 빠른 속도로 성장하고 인구 또한 폭발적으로 늘었지요. 특히 제2차 세계대전이 끝난 1950년 이후 산업화의 물결이 전 세계로 퍼져 나가 전 지구적으로 에너지소비도 증가했습니다.

지구의 평균온도는 전례 없이 빠르게 상승했습니다.[2] 1950년 이후 70년 동안, 100년도 채 되지 않는 기간에 1℃가 올랐어요. 이는 지구 기후변화의 역사에서 경험해 보지 못한 속도라고 합니다. 인류가 개입하지 않던 시기에 이루어진 자연스러운 온도 변화 속도보다 20배나 빠른 것이라고 해요. 자연적 요인으로는 설명되지 않는, 즉 인간의 영향으로 지구의 기후가 바뀌는 시대가 된 것입니다. 이를 가리켜 인류가 빚어낸 지질시대라는 의미로 '인류세(Anthropocene)'라고 부르기도 합니다. 인간의 활동이 지구와 생태계에 미치는 영향이 그만큼 커진 것이지요.

지구온난화의 주범, 온실가스

화석연료는 땅에 묻힌 생물들이 수백만 년에서 수억 년에 걸쳐 열과 압력을 받아 화석처럼 굳어져 연료로 이용할 수 있게 된 것을 말합니다. 화석연료는 탄소와 수소로 이루어진 광물로, 연소될 때 많은 열을 만들어 냅니다. 석탄은 인류가 그간 사용해 온, 나무나 풀 등을 태워 얻는 에너지를 훨씬 뛰어넘는 동력원이었습니다. 증기기관이 발명되면서 기술 문명은 급속도로 발전했지요. 화석연료는 인류에게 어마어마한 풍요와 번영을 가져다주었어요. 하지만 연소 과정에서 여러 가지 독성 물질과 이산화탄소를 발생시켜 이제는 지구온난화의 주요 원인으로 지목되고 있습니다.

이산화탄소(CO_2)는 대표적인 온실가스입니다. 지표에서 우주 공간으로 방출되는 복사열을 흡수하는 온실가스는 지구의 온도를

LPG

유지하는 매우 중요한 역할을 합니다. 만약 지구 대기에 온실가스가 없다면, 지구의 평균온도는 영하 18℃로 떨어질 수도 있다고 해요. 이러한 온실효과 덕분에 지구에서 생물이 살아갈 수 있는 것이지요. 하지만 온실가스가 지나치게 많아지면서 지구의 평균온도가 오르고 안정적이었던 생태계 균형이 깨지고 있어요.

이제 우리는 전기 없는 삶은 상상도 할 수 없습니다. 냉장고, 세탁기 같은 가전부터 핸드폰, 노트북 등 각종 전자기기들과 늘 함께 살아갑니다. 학교, 회사, 공장 등도 전기 없이는 돌아갈 수 없지요. 오늘날 우리가 쓰는 전기는 대부분 화력발전으로 만들어지는데요. 석탄, 석유, 가스와 같은 화석연료로 전기를 생산하는 화력발전은 이산화탄소를 아주 많이 배출합니다. 세계 온실가스 배출량을 분야별로 살펴보면, 에너지 분야의 배출량이 약 73.2%로 가장 큰 비중을 차지하고 있어요.(2016년 기준)[3]

우리가 먹는 음식을 생산하거나 쓰레기를 처리하는 과정에서도 온실가스가 배출됩니다. 농업, 축산업에서 주로 배출되는 메탄(CH_4)은 총 온실가스 배출량의 17.3%, 비료 사용 등으로 배출되는 아산화질소(N_2O)는 6.2%를 차지한다고 하네요.(2016년 기준)[4] 각종 산업 공정과 냉장에 사용되는 수소불화탄소(HFC_S), 과불화탄소(PFC_S), 육불화황(SF_6)도 온실가스에 속합니다. 이들은 전체 배출량의 2% 정도예요.

이산화탄소에 비하면 배출량이 적어 보이지만, 비율이 낮다고 무시해선 안 됩니다. 온실가스는 종류에 따라 지구온난화에 미치는 영향이 다르기 때문입니다. 이산화탄소가 지구온난화에 미치는 영향을 '1'로 보았을 때 다른 온실가스의 영향을 상대적으로 표시한 것을 지구온난화지수(GWP, global warming potential)라고 하는데요. 메탄은 21, 수소불화탄소는 140~11,700, 아산화질소는 310, 과불화탄소는 6,500~9,200, 육불화황은 23,900에 달하기 때문입니다.

온실가스, 얼마나 많아졌나요?

세계 이산화탄소 배출량이 산업혁명 이후 즉각 증가한 것은 아니었습니다. 18세기 후반에서 20세기 중반까지 200년 동안은 크게 늘지 않았어요. 하지만 1950년에 60억t이던 세계 이산화탄소 배출량은 70년 후인 2019년에는 6배 이상 늘어나 역대 최고 수준인 367억t이 되었습니다.[5] 이산화탄소를 포함한 전체 온실가스 배출량은 2018년에 489억t 수준까지 늘어났고요.[6] 화석연료 사용량이 그만큼 빠르게 늘었기 때문입니다.

세계 에너지소비도 1950년 이후 급속하게 증가했습니다. 2019년 에너지소비량은 1950년 소비량보다 6배 이상 많습니다.[7] 문제는 에너지 부문에서 화석연료를 사용하는 비중이 84.3%에 이른다는 점입니다.(2019년 기준)[8] 태양광, 수력, 풍력 등 재생에너지를 이용하는 방식이 개발되었지만, 우리의 생활양식은 여전히 화석연료에 크게 의존하고 있고, 온실가스도 많이 배출하고 있어요.

배출된 온실가스는 바다와 육지(산림과 토지)가 일부를 흡수하고 나머지는 대기 중에 남아 쌓입니다. 2010~2019년 동안 사람의 활동으로 배출된 온실가스 가운데 46%는 대기에 축적됐습니다. 나머지 절반 이상은 육지(31%)와 바다(23%)가 흡수했고요.[9] 하지만 온실가스 배출량이 계속 늘면서 자연계가 온실가스를 흡수하는 능력이 갈수록 떨어지고 있다고 해요.

심지어 2010~2019년 기간에는 산림과 토지가 온실가스를 흡수하기는커녕 매년 평균 57억t의 이산화탄소를 대기 중에 배출했다고 해요.[10] 개발 등의 이유로 산림이 깎여 나가고 토지 사용 방법이 변화한 탓입니다. 예를 들어 이산화탄소 흡수원으로서 중요한 역할을 했던 아마존 열대우림도 대규모 산림 훼손과 대형 산불로 이제는 오히려 온실가스를 방출하고 있는 겁니다.

이로 인해 산업혁명 이전까지 280ppm이던 대기 중 이산화탄소 농도는 2013년 400ppm을 돌파했고, 2020년에는 413.2ppm으로 역대 최고치를 기록했습니다.[11] ppm은 농도를 나타내는 단위로, 100만분의 1을 뜻합니다. 즉 이산화탄소 농도가 10ppm이라는 것은 공기를 이루고 있는 물질의 질량 단위 100만 개 중에 10개가

전 지구 대기 중 평균 이산화탄소 농도 추이

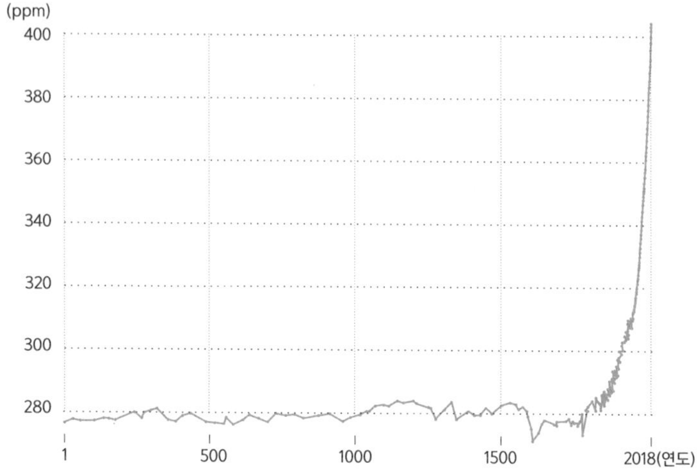

* *자료: NOAA/ESRL Global Monitoring Division, Our World in Data*

이산화탄소라는 뜻이에요.

우리나라의 상황은 어떨까요? 한국은 전 세계에서 열한 번째로 온실가스를 많이 배출하는 국가입니다.(2017년 기준)[12] 우리나라의 2018년 온실가스 배출량은 727.6백만tCO_2eq.•으로, 1990년에

● 이산화탄소 환산량(Carbon dioxide equivalent). 온실가스 배출량을 대표 온실가스인 이산화탄소로 환산한 양. 지구온난화지수를 반영해 계산한다.

비해 약 1.5배나 증가했습니다.[13] 경제협력개발기구(OECD)●에 속한 국가 가운데 가장 빠르게 증가하고 있다고 하네요. 우리나라 이산화탄소 농도 또한 2020년 기준 420.4ppm으로, 이산화탄소 농도 관측을 시작한 1999년 이후 역대 최고치를 경신했습니다.[14]

2021년에도 전 세계 이산화탄소 농도의 증가 추세는 이어지고 있다고 합니다. 코로나19로 잠시나마 온실가스 배출량이 줄었으나, 그럼에도 이산화탄소 농도는 계속 증가했는데요 이는 한번 배출되면 대기 중에 오래 머물며 누적되는 이산화탄소의 특성상 일시적으로 배출량이 줄었다고 단번에 감소되는 효과를 볼 수는 없기 때문입니다.

과학자들은 이산화탄소 농도가 400ppm을 넘어서면 지구 평균 온도가 산업화 이전보다 2℃ 이상 상승하는 상황을 막기 어려울 수 있다고 이야기해 왔습니다. 그런데 2020년에 지구 대기 중 이산화탄소 농도가 이미 413.2ppm으로 관측되었으니, 과학자들이 경고한 수치를 벌써 넘어선 상황입니다.

● 회원국 간의 경제·사회 발전을 모색하고 세계경제 문제에 공동으로 대처하기 위해 설립된 정부 간 정책 논의 및 협의기구다.

기후변화는 정말 위기인가요?

지구를 지키는 마지노선, 1.5℃

2018년 기후변화에 관한 정부 간 협의체(IPCC)• 제48차 총회에서 〈지구온난화 1.5℃(Global Warming of 1.5℃)〉 특별 보고서[15]가 채택되었습니다. 이 보고서는 전 세계 40개국 91명의 과학자가 2년에 걸쳐 연구한 결과를 담은 것인데요. 앞서 지구 평균온도가 산업화 이전과 비교할 때 1.09℃ 상승했다고 했지요? 이러한 기온 상승을 이번 세기말까지 1.5℃ 이내로 억제해야 한다는 게 보고서의 핵심

• 기후변화와 관련한 전 지구적 위험을 평가하고 국제적 대책을 마련하기 위해 세계기상기구(WMO)와 유엔환경계획(UNEP)이 1988년 공동으로 설립한 국제협의체.

내용입니다.

그런데 왜 하필 1.5℃일까요? 그 이유는 지구 평균온도가 2℃ 넘게 상승하면 걷잡을 수 없는 수준의 기후 재난이 발생하기 때문입니다. 1.5℃만 상승한다 해도 해수면 상승, 폭염, 가뭄과 홍수 등의 극단적 기상이변, 생물종 감소 등 피해가 발생하지만, 2℃ 상승하는 경우와 비교하면 피해를 크게 줄일 수 있다는 겁니다.

보고서에 따르면 지구 평균온도가 2℃ 이상 상승하면 북극해의 얼음이 모두 녹을 가능성이 10년에 한 번이지만, 1.5℃ 상승할 경우에는 그 가능성이 100년에 한 번으로 크게 줄어듭니다. 1.5℃ 상승 시 산호초가 70~90% 사라지지만, 2℃ 상승 시에는 산호초가 99% 이상 소멸해요. 인간 사회가 겪는 피해도 이 0.5℃ 차이로 크게 줄어드는데, 2℃ 상승 시 전 지구의 어업 수확량이 300만t 이상 감소하지만 1.5℃ 상승 시에는 150만t으로 절반만 줄어든다고 합니다.

과학자들은 2℃가 티핑포인트(tipping point)라고 설명합니다. 티핑포인트란 어떠한 현상이 처음에는 서서히 진행되다가 돌연 급격하게 변화하는 임계점을 의미합니다. 가령 지구 평균온도가 2℃ 이상 상승해 시베리아 영구동토층•이 녹으면 그 안에 매장돼 있던, 강력한 온실효과를 지닌 메탄가스가 대량으로 방출되고, 그로 인해 지구 온도는 훨씬 빠른 속도로 상승해 3℃ 넘게 오를 수도 있습니다. 그렇게 되면 그 이후부터는 인간이 손 쓸 수 없는 사태가 벌어질 수 있지요. 또한 수만 년간 땅속에 묻혀 있던 고대 바이러스와 박테리아가 깨어나 신종 전염병이 유행할 수도 있습니다.[16] 어떤 결과를 불러올지 누구도 예상할 수 없기에 더더욱 두려운 일이에요.

기후변화의 과정과 영향은 연결돼 있어요

온실가스 배출로 지구 평균온도가 오르면 폭염이 발생하는 빈도와 폭염의 지속기간이 증가합니다. 또 단순히 폭염, 한파와 같은 기상이변에 그치지 않습니다. 지구의 생태계는 매우 복잡한 구조로 얽힌 채 균형을 유지하기 때문에 한 곳에 문제가 생기면 그 여파는 다양한 곳에서 나타날 수 있습니다.

최근에 일어난 재난들만 살펴봐도 재난과 재난이 서로 연결되어 있음을 알 수 있습니다. 2020년은 세계적으로 가장 뜨거운 해였고, 북극권의 기온이 38℃까지 올라갔습니다. 북극의 온도가 높아지면서 차가운 공기덩어리가 그대로 북아메리카로 내려와 미

• 2년 이상 연속하여 연중 얼어 있는 토양층. 이러한 조건을 충족하는 지역은 연평균기온이 영하 5℃ 이하다.

국 텍사스주에 이례적 한파가 시작되었습니다. 갑작스러운 폭설과 한파로 전기까지 끊겨 400만 명이 피해를 겪고, 210명이 추위로 목숨을 잃었습니다.

이처럼 북극의 기온이 올라가면 지구의 대기순환이나 해양의 상태가 영향을 받아 이상기온은 물론 초대형태풍, 사이클론과 같은 자연재해가 더욱 빈번하게 일어납니다. 또한 먹거리 생산에도 차질이 생길 수 있는데 바뀐 기후에 작물이 적응하지 못해 흉작이 되거나 갑작스러운 재해로 농사를 망치는 것이지요. 기후변화는 결국 식량 위기와도 직결되는 문제인 겁니다.

기후변화로 인해 난민이 된 사람들을 '기후난민(climate refuge)'이라고 불러요. 2011년 이래 560만 명에 이르는 시리아 난민이 기후변화와 가뭄으로 인한 내전을 피해 세계 곳곳으로 흩어졌는데, 이들이 바로 기후난민들입니다. 기후변화로 인한 최악의 가뭄과 이에 따른 식량 생산의 급격한 감소, 식량 가격의 폭등, 주민들의 생활고, 국가 내 갈등과 주변 국가 간 갈등이 내전으로 이어진 경우이지요. 겉으로 보기에는 전쟁 난민이지만 따져 보면 기후변화가 전쟁의 원인을 제공한 셈이에요. 시리아 난민 외에도 해수면이 상승하면서 집을 잃게 된 저지대나 연안 지역의 주민들이 대표적 기후난민이라 할 수 있습니다.

2021년 11월, 남태평양의 섬나라 투발루의 외무 장관 사이먼 코

기후위기의 심각성을 호소하려고 수중 연설을 하는 사이먼 코페 외무 장관

페가 물속에 연단을 세워 놓고 허벅지까지 물에 잠긴 채 성명을 발표했습니다. 제26차 유엔기후변화협약 당사국총회(COP26)를 맞아 기후변화로 수몰 위기에 처한 투발루와 다른 섬나라의 현실을 알리기 위해서입니다. 코페 장관이 연설을 한 지역도 한때는 육지였다고 해요.[17] 하와이와 호주 사이에 위치한 군도 국가 투발루는 해발고도가 약 2m밖에 안 되는 데다 매년 0.5cm씩 물이 차오르고 있어 전체 인구 1만 2,000명의 생존이 위협받고 있습니다.[18]

현재 전 세계 약 5억 명의 사람들이 사막이 점점 넓어지는 지역에 살고 있습니다.[19] 농사를 지을 땅이 없어지고 있는 것이지요.

배고픔에 시달리던 엘살바도르, 과테말라, 온두라스 사람들이 멕시코로 넘어가는 일도 일어나고 있습니다. 앞으로는 사하라 이남의 아프리카, 라틴아메리카, 그 밖의 남아시아 지역에서도 기후난민이 늘어날 것이라는 어두운 전망이 나옵니다. 세계은행은 2050년 세계 기후난민이 2억 1,600만 명에 이를 것으로 내다봤습니다.[20] 특히 사하라 사막 이남의 아프리카에서 기후난민이 8,600만 명 발생할 수 있다고 해요. 경제평화연구소(IEP)는 2050년에 기후변화로 전 세계 12억 명이 고향을 잃을 수 있다고 예측하기도 했습니다.[21] 지구 평균온도가 얼마나 올라가느냐에 따라 이런 비극적 상황은 더욱 심각해질 수도 있어요.

더욱이 이런 비극은 인류만의 문제가 아닙니다. 기후변화로 지구상의 수많은 생물종이 소리 없이 사라지고 있습니다. 생물다양성과학기구(IPBES)•는 2019년 〈생물다양성 및 생태계에 관한 지구평가 보고서〉에서 인간의 활동으로 인한 동·식물 서식지 감소와 기후변화 등으로 대멸종이 일어날 수 있다고 경고했습니다.[22] 생물 멸종이 전례 없는 속도로 진행되면서 동·식물 종의 8분의 1에

• '생물다양성협약(Convention on Biological Diversity)'의 과학적 자문을 위해 설립된 정부 간 협의체. 생물다양성협약은 지구상의 생물종을 보호하기 위해 1992년에 채택된 협약이다.

해당하는 100만 종 이상이 멸종위기에 처했다고 해요. 이처럼 기후변화는 식량 위기, 기후난민, 생물다양성 감소라는 다양한 모습을 한 '위기'로 우리 앞에 다가오고 있습니다.

기후변화가 불평등하다고요?

기후변화로 인한 피해가 모든 국가의 모든 사람에게 동등하게 나타나지는 않습니다. 1960년부터 2019년까지의 이산화탄소 누적 배출량을 국가별로 나타낸 것을 보면, 미국이 22.6%로 1위, 중국이 16.6%로 2위를 차지하고, 한국은 1.3%로 이산화탄소 누적 배출량이 열여섯 번째로 많은 나라입니다. 이산화탄소 배출량 상위 20위까지의 누적 배출량을 합하면 전체의 81.2%에 이릅니다. 세계 인구의 20% 이하인 선진국들이 전 세계 온실가스 배출량의 약 70%를 배출하지만, 기후변화의 피해는 전 세계 온실가스의 약 3%만을 배출하는 저위도 개발도상국의 국민 약 10억 명이 겪고 있습니다.[23] 극단적 기상이변, 해수면 상승, 가뭄과 식량 생산량 감소 등으로 위험에 처한 국가들은 대부분 아시아와 아프리카, 남아메리카에 위치한 개발도상국과 최빈국들입니다. 아주 정의롭지 못한 상황이지요.

이러한 '기후부정의'는 국가들 사이에서만 나타나지 않습니다.

국가별 이산화탄소 누적 배출량 비중(1960~2019)

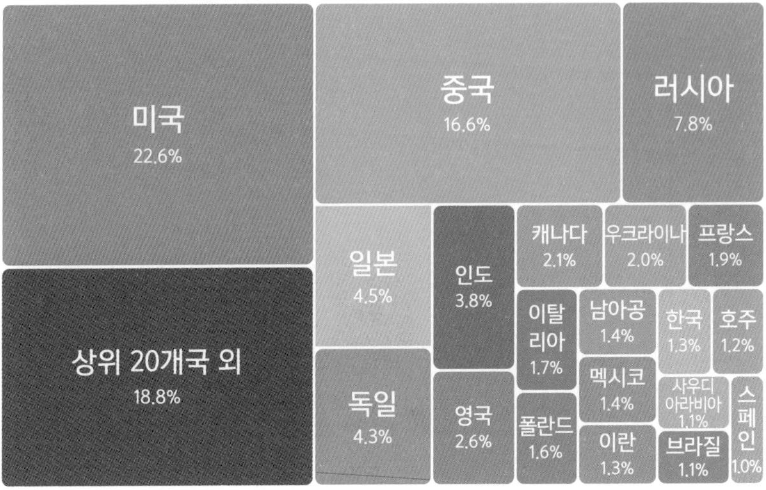

* 자료: *Climate Watch*

유엔환경계획(UNEP)이 2020년 발표한 〈배출 격차 보고서〉를 보면, 소득 상위 10%에 속한 사람들이 일상생활에서 직간접적으로 배출하는 온실가스는 전체 배출량의 48%에 달합니다. 또 소득 상위 1%는 전 세계 온실가스 배출량의 15%를 배출하는데, 이는 소득 하위 50%가 배출하는 양보다 2배 이상 많습니다.(2015년 기준)[24] 1인당 평균값을 살펴보면 소득 상위 1%가 배출하는 양은 지구 평균온도 상승을 1.5℃ 이하로 억제하기 위해 권장되는 배출량의 약

전 세계 소득 그룹별 1인당 이산화탄소 배출량(2015년)

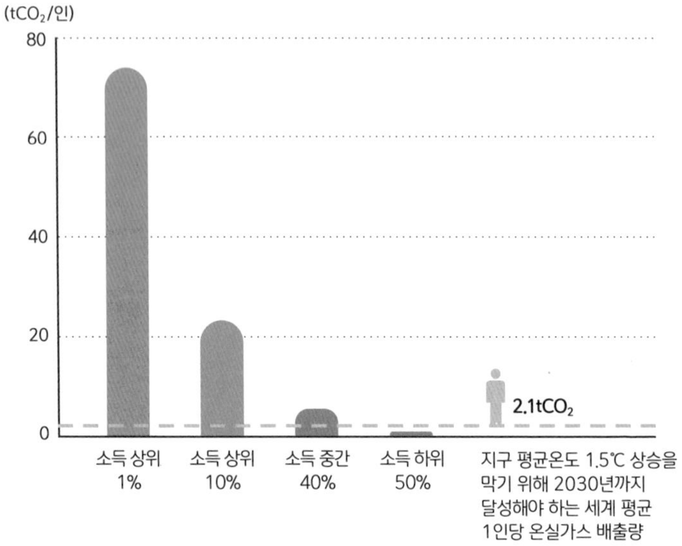

** 자료: UNEP*

35배에 달합니다.(위의 그래프 참조) 국가별로 따지면 미국과 중국이 책임이 가장 크지만, 어느 나라에 살든 소득 상위 1%와 10%에 속하는 개별 배출자도 책임이 크다는 사실을 알 수 있습니다.

한편 기후변화의 영향은 사회적 약자에게 더욱 치명적입니다. 같은 나라 안에서도 종사하는 산업이나 거주지역, 사회경제적 능력과 생물학적 특성에 따라 기후변화의 영향은 다르게 나타나는

데, 특히 빈곤층, 여성, 아동, 장애인, 노인, 난민 등이 더 큰 피해를 겪습니다. 또 농업과 같은 1차 산업은 다른 산업보다 기후변화의 영향을 크게 받아요. 그리고 섬이나 해안가, 저지대에 사는 주민들, 냉난방시설이 제대로 갖춰지지 못한 주거공간에 사는 빈곤층은 기후변화에 더욱 취약할 수밖에 없겠지요. 폭우나 폭염, 한파와 폭설 등으로 인한 피해가 사회·경제적 약자에게 집중되지만, 이들은 이러한 상황에 대처하거나 해당 지역을 벗어날 능력이 거의 없습니다.

이런 기후부정의와 격차는 선진국이라고 예외가 아닙니다. 2005년 미국 뉴올리언스 지역을 강타한 허리케인 카트리나로 인한 피해는 심각한 빈곤, 미흡한 대중교통 시스템, 낮은 교육 수준 등 사회적 격차와 불평등한 지역 상황에 기인한 바가 컸습니다. 최근 미국 텍사스주에 한파가 닥쳤을 때도 마찬가지였습니다. 유럽과 미국, 캐나다, 호주 등에서 나타나고 있는 극심한 이상기후 현상도 취약 계층에 더 큰 피해를 주고 있습니다.

우리나라도 2018년 기록적인 폭염으로 기후위기를 체감하게 되었지요. 2018년 폭염으로 48명이 사망했습니다.[25] 사망자 대부분은 노인이었는데, 노인층은 빈곤율이 높은 데다 만성질환을 앓는 경우도 많아 폭염에 취약하기 때문입니다. 한편 토목·건설 현장 등 폭염에 노출된 작업장도 온열질환자가 많이 발생하는 장소

였지요. 따라서 기후위기 대책을 마련할 때는 기후위기에 더 취약한 계층을 보호하고 기후위기의 책임과 관련된 부정의, 불평등을 고려하는 것이 매우 중요합니다.

지구를 살릴 마지막 열쇠, 탄소중립

탄소중립이 뭔가요?

IPCC의 〈지구온난화 1.5℃〉 특별 보고서는 지구의 평균온도 상승을 1.5℃ 이하로 억제한다는 목표를 달성하려면 2030년 온실가스 배출량을 2010년 배출량 대비 최소 45% 감축하고, 2050년에는 전 지구적인 탄소중립을 이뤄야 한다고 권고했습니다. 탄소중립이란 인간 활동에 의한 온실가스 배출을 최대한 줄이고, 이미 배출된 온실가스는 다시 흡수해 순 배출량이 0이 되게 하는 것을 말합니다. '넷제로(Net-Zero)'라고도 해요. 온실가스를 흡수하는 방법으로는 산림 등 자연 흡수원을 이용하거나 탄소 포집 활용 및 저장 기술•을 쓸 수 있습니다.

IPCC의 권고에 따라 주요 선진국들이 속속 탄소중립을 선언하고 있습니다. 2017년, 스웨덴이 세계 최초로 2045년까지 탄소중립을 이루겠다고 선언하고 이를 법으로 만들었습니다. 2019년 6월에는 영국이 2050년 탄소중립을 선언하며 기존의 기후변화법을 개정했고요. 유럽연합(EU), 한국, 일본, 미국도 잇따라 2050년 탄소중립을 선언했어요. 중국은 2060년 탄소중립을 선언했습니다.

그 결과, 2021년 10월 기준 55개국이 명확한 목표 시점(연도)과 함께 탄소중립을 공식 선언했습니다. 이들 국가의 이산화탄소 배출량을 합치면 전 세계 이산화탄소 배출량의 약 70%에 해당한다고 하니,[26] 이 국가들이 실제로 탄소중립을 실현하는 것이 정말 중요하겠습니다.

이들 국가가 탄소중립 목표를 달성하려면 무엇을 해야 할까요? 세계자원연구소(WRI)가 온실가스 배출량을 줄이기 위한 10가지 주요 방안을 제시했습니다. 몇 가지만 살펴보겠습니다. 먼저 석탄화력발전소를 단계적으로 줄여 나가는 동시에 태양광과 풍력 등 재생에너지를 늘려야 하고, 에너지효율 또한 높이고자 노력해야

• CCUS(carbon capture, utilization and storage)라고도 한다. 발전소, 산업시설 등에서 이산화탄소를 모아 압축한 후 땅속에 안전하게 저장(CCS)하거나 유용한 물질로 전환하여 활용(CCU)하는 기술을 말한다.

합니다. 그리고 석유로 달리는 자동차를 전기차와 같은 친환경 자동차로 바꾸고, 대중교통 역시 친환경 자동차의 운행 비중을 늘려야 합니다. 또한 온실가스의 주요 흡수원 역할을 해 줄 산림을 보존하고 복원하는 데에도 힘써야겠지요. 쓰레기를 줄이고 육식 대신 채식 식단을 늘리는 것도 온실가스 배출량을 줄이는 데 중요한 역할을 할 수 있습니다. 이들 각각에 대해서는 뒤에서 차근차근 살펴보도록 해요.

국제사회, 잘하고 있나요?

2021년 11월 1일부터 13일까지 영국 글래스고에서 제26차 유엔 기후변화협약 당사국총회(이하 COP26)가 열렸습니다. COP26은 2015년 제21차 총회(COP21)에서 채택한 파리협정의 약속을 각 국가가 잘 지켰는지 점검하는 자리이기도 했습니다. 파리협정의 목표는 산업화 이전 대비 지구 평균온도 상승을 2℃보다 훨씬 아래로 유지하고 나아가 1.5℃로 억제하는 것이었어요. 이를 달성하기 위해 당사국 모두에게 온실가스 감축목표를 자발적으로 정하도록 했고, 모든 당사국은 5년마다 국가 온실가스 감축목표(NDC)●를 제출해야 합니다.

이번 COP26은 그 목표를 점검하고, 각자 배출량을 얼마나 줄일 것인지 국제사회에 알리는 첫 자리였지요. 하지만 각국이 제출한 목표대로라면 지구 온도의 상승 폭은 원래 목표인 1.5℃보다 훨씬 높은 2.4℃에 달할 것으로 전망되었습니다. 각 국가의 자발적 목표 설정만으로는 한계가 있다는 이야기지요. 그래서 참가국들은 2022년 말까지 1.5℃ 목표치에 맞게 온실가스 감축목표를 다시 제출해 재검토하기로 했습니다. 국내외 시민사회에서는 국가들의 온실가스 감축목표가 기후위기를 막기에는 턱없이 부족하다는 사실이 분명해졌다며 비판했어요.

한편 이 자리에서는 기후위기에 대한 책임이 큰 국가들이 기후변화 피해국에 지원해야 하는 기금에 대해서도 논의했습니다. 선진국이 부담해야 하는 '기후변화 적응 기금'이 2019년 200억 달러(약 23조 원) 수준인데, 이를 2025년까지 2배로 늘리기로 한 겁니다. 하지만 선진국들이 2020년까지 완료하기로 약속했던 기금 목표치도 아직 달성하지 못한 상황이라, 보여주기식 목표 설정이 아니냐는 비난도 일었어요.

더욱이 기후변화에 취약한 77개 개도국 그룹(G77)은 총회 전부터 기후변화 피해를 보상하는 신규 기금 설립과 법적 책임을 요구

• Nationally Determined Contribution. 파리협정에 따라 국가들이 자체적으로 정한 2030년까지의 온실가스 감축목표를 말한다. 자발적 목표이기에 강제성은 없다.

했었는데요, 미국과 유럽연합 등 선진국의 반대로 무산되었다고 합니다. 아프리카의 국가들과 해수면 상승으로 국가 존폐 위기를 맞고 있는 섬나라들은 좌절했습니다. 국제 시민단체들은 부자 나라들이 책임지고 싶어 하지 않는다는 게 확실해졌다고 비판했어요. 그렇지만 다른 한편에서는 기후위기로 인한 개발도상국의 손실과 피해를 어떻게 보상할지에 대해 향후 논의하기로 했으니 새로운 협상을 시작할 여지가 생긴 것이라는 평가도 내렸습니다.

COP26에서 화석연료, 특히 석탄 사용을 중단하는 '탈석탄' 선언이 나올지가 큰 관심이었는데, 목표였던 '단계적 탈석탄' 합의에는 이르지 못했습니다. 인도(온실가스 배출 3위) 등 온실가스를 많이 배출하는 국가들이 합의문의 석탄 사용 '중단' 문구를 '감축'으로 수정하라고 요구했고 이것이 협상 막판에 받아들여졌기 때문입니다. 중단은 일정 시점에 석탄 발전을 완전히 멈추는 것을 의미하는 만큼 더 강한 합의를 의미하는 반면, 감축은 석탄 발전을 멈추는 시점이 정해지지 않은 애매한 기준입니다. 석탄을 완전히 없애자는 합의에 도달하지는 못했지만, 석탄을 기후위기 최대 주범으로 명시했다는 점에서 의미가 있다는 평가도 있었습니다.

국가마다 이해관계가 다른 만큼 기후위기 문제에서 모두가 동의하는 합의점을 찾기란 쉽지 않습니다. 선진국과 개발도상국, 최빈국이 처한 상황이 너무나도 다르거든요. 지금껏 온실가스를 많이 배출해 기후위기에 더 많은 책임이 있는 선진국들은 경제·사회·문화적으로 매우 좋은 환경에서 살고 있습니다. 반면 개발도상국은 온실가스를 좀 더 배출하더라도 더 많은 경제성장을 이루려 하고요.

뜻을 하나로 모으기가 쉽지 않은 여건과 상황 속에서도 국제사회는 전 지구적 기후위기를 해결하기 위해 모여 새로운 합의안을 도출하고 있습니다. 기후위기는 단일 국가가 해결할 수 없는 국제적 차원의 노력이 필요한 일이기 때문이지요.

2050 탄소중립 시나리오와 정의로운 전환

한국도 COP26에 참가해 2030년 온실가스 감축목표를 발표했습니다. 2030년까지 2018년 온실가스 배출량 대비 40%를 감축하는 안이었지요. 하지만 1.5℃ 목표 달성엔 미흡하다는 지적도 있었습니다. 이에 한국 정부는 2030년 감축목표와 함께 〈2050 탄소중립 시나리오〉[27]를 두 가지 만들었어요. 둘 다 2050년 온실가스 순 배출량이 '0'이 되는 넷제로 안입니다.

A안은 석탄과 액화천연가스(LNG) 등 화력발전소를 모두 폐쇄해 에너지전환 부문의 온실가스 배출을 '0'으로 만드는 것이고, B안은 석탄발전소를 폐쇄하되 LNG 발전은 일부 유지하는 것입니

지금까지 국제사회는 어떤 일을 했나요?

기후위기를 해결하기 위해 국제사회는 40년 전부터 노력해 왔어요. 어떤 합의가 있었는지 대표적인 국제 협약을 살펴봅시다.

1992 **유엔기후변화협약** UNFCCC	지구온난화 방지를 위해 온실가스 배출을 규제하는 협약으로, 1992년 6월 리우회담에서 채택되어 1994년 3월 21일부터 공식 발효되었다. 한국은 1993년 12월, 47번째로 가입하였다.
1995 **기후변화협약 당사국총회** COP	COP는 기후변화협약의 구체적 이행 방안을 논의하기 위해 매년 당사국들이 개최하는 회의다. 제1차 당사국총회(COP1)는 1995년 독일 베를린에서 열렸다.
1997 **교토의정서** Kyoto Protocol	일본 교토에서 열린 COP3에서 채택된 국제 협약으로, 국가 단위의 온실가스 감축의무를 처음으로 부여했다는 의의가 있다. 선진국에만 감축의무를 규정했고, 2008~2012년 기간 동안 1990년 온실가스 배출량 대비 평균 5.2%를 감축하는 것이 목표였다.
2015 **파리협정** Paris Agreement	프랑스 파리에서 열린 COP21에서 채택된 규제 협약으로 교토의정서와 달리 195개 선진국과 개발도상국 모두가 온실가스 감축에 동참하기로 한 최초의 세계적 기후 합의다. 지구 평균온도의 상승을 산업혁명 이전 대비 2℃ 이내로 억제, 온실가스 감축 이행 점검, 개도국에 대한 선진국의 기후대응기금 지원 등의 내용을 담고 있다.

다. 두 시나리오 모두 현재 건설 중인 신규 석탄발전 7기를 포함한 국내 석탄발전소가 2050년에는 가동되지 않는 것을 전제로 합니다. 대신 2020년 6.6%에 불과했던 재생에너지 비중을 2050년에는 60~70%로 크게 높여야 합니다.

그런데 이 시나리오는 불확실한 기술에 의존하고 있다는 지적을 받았습니다. 이 시나리오대로 하려면 탄소 포집 활용 및 저장 기술에 의존해야 하는데 이 기술이 아직 개발되지 못한 데다 개발된다 해도 비용이 많이 들 것으로 예상되거든요. 국내 주요 환경 단체들은 한국 정부가 더 강화된 2030년 감축목표를 2022년까지 제출할 것, 현재 2050년으로 설정된 국내 탈석탄 목표 시일을 대폭 앞당길 것 등을 요구하고 있습니다.

각 나라마다 탄소중립 달성 시점과 구체적 시나리오는 다르지만, 탄소중립 사회로 전환하는 과정에서 우리 사회의 모습이 크게 바뀐다는 사실은 분명합니다. 지금까지의 대량생산과 대량소비 생활양식을 돌아보고 생활 전반에서 변화를 만들어 내야 하기 때문이에요. 석유로 가는 자동차를 줄이고, 이동 수단을 자가용에서 대중교통이나 자전거 등으로 바꾸어야 할 거고요. 에너지소비도 많이 줄여야 할 거예요. 이 과정에서 책임이 분명하게 분담되고, 급작스러운 전환으로 고통받는 사회 구성원이 없도록 공정한 지원이 이루어져야 합니다. 기후정의(climate justice)와 정의로운 전환

(just transition)이 중요한 원칙으로 강조되는 이유입니다.

'기후정의'는 기후변화의 원인과 영향이 정의롭지 못하다는 점을 인식하고, 이러한 부정의를 줄이려는 관점을 말합니다. 앞서 살펴봤듯이 기후위기에 대한 역사적 책임은 선진국과 부유층이 크지만, 그 결과는 개발도상국과 빈국, 사회적 약자들에게 더욱 치명적이에요. 이러한 불평등을 완화하기 위해서는 국가별로 책임과 능력을 다르게 고려해 대응책을 만들고, 빈곤과 사회 불평등을 줄이는 정책도 함께 마련해야 합니다.

'정의로운 전환'은 어떤 지역이나 업종에서 급속한 산업구조의 전환이 일어날 때, 그 과정과 결과가 모두에게 정의로워야 한다는 개념입니다.[28] 이를테면 탄소중립과 에너지전환을 위해서는 석탄화력발전소나 석유 자동차 관련 업종은 사라져야 해요. 한국 정부가 발표한 탄소중립 시나리오에도 2050년까지 석탄화력발전소를 모두 폐쇄하겠다는 내용이 담겼잖아요. 하지만 석탄화력발전소가 문을 닫으면 그곳에서 일하는 사람들은 일자리를 잃습니다. 이렇게 일자리를 잃게 될 사람들이 겪을 수 있는 어려움을 최대한 줄이고 지원하는 방안을 마련해야 한다는 것이 바로 '정의로운 전환'입니다.

기후변화에 대응하고 적응하는 것은 정부나 사회 지도층이 해결해야 할 일이라고 생각할 수 있어요. 물론 정부와 국제사회에 기후위기를 해결하라고 목소리를 내는 것도 중요한 일입니다. 하지만 내가 사는 지역에서도 얼마든지 시작할 수 있어요. 친구들과 힘을 모아 우리가 다니는 학교의 베란다와 옥상에 태양광 발전기를 설치하거나, 우리가 먹는 음식이 어디에서 오고 환경에 미치는 영향은 어떠한지 고민하면서 식생활을 바꿀 수도 있지요. 또 우리가 유행에 따라 옷을 얼마나 쉽게 사고 쉽게 버리는지, 지구를 생각하는 패션이 어떻게 가능할지 고민하고 그에 걸맞은 실천을 해 볼 수도 있습니다. 앞으로 생계를 위해 돈을 벌어야 할 때 지구환경과 사회, 이웃과 공존할 수 있는 직업을 선택하는 방법을 적극적으로 찾아보는 것도 필요하겠지요. 기후위기 시대, 정의롭고 좋은 삶이란 무엇인지를 지금부터 같이 고민해 봅시다.

02

더욱 빠르게 지구를 녹이는 패스트패션

면 티셔츠 한 장을 만드는 데 2,700L의 물이 사용된다.
이는 한 사람이 2년 반 동안 마실 수 있는 양이다.

SNS에서 옷 광고를 한번 클릭해 봤을 뿐인데 비슷한 스타일의 옷 광고가 계속해서 나를 추적하는 것을 경험한 적이 있지요? 디지털 마케팅은 내가 온라인에 남긴 정보들을 수집해 나에게 맞춘 광고를 골라 보여 줍니다. 사지 않고는 못 배길 정도로 끈질기게 유혹하지요. 실제 인터넷 쇼핑 이용자를 대상으로 조사한 결과, 절반 이상(63.3%)이 디지털 콘텐츠를 본 후 특정 상품을 구매한 경험이 있다고 하니 그 효과가 꽤 큰 편이지요.[1]

쇼핑을 하는 순간에는 기쁨이 큽니다. 뇌에서 도파민이 분비돼 순간적인 만족감을 느끼기 때문이에요. 하지만 그 효과는 길지 않아 반복적으로 쇼핑을 하도록 부추긴답니다. 예쁜데 가격도 저렴해 한 벌, 두 벌 '결제하기' 버튼을 클릭하다 보면 쇼핑 중독으로 이어지기도 합니다. 따져 보면 당장 필요한 것이기보다 작은 돈으로 당장의 만족을 느낄 수 있는 소위 '소확행' 물건들이지요. 그런데 일상의 소소한 행복이 지구에 미치는 영향은 결코 소소하지 않아요.

오늘의 트렌드는 내일의 쓰레기

15일마다 바뀌는 유행

옷은 추위나 더위 같은 기온 변화로부터 체온을 유지하도록 돕고, 외부환경으로부터 신체를 보호해 줍니다. 인류는 대략 17만 년 전부터 옷을 지어 입었고, 그 덕분에 새로운 곳으로 이동하고 정착하는 일이 훨씬 수월해졌답니다. 시간이 흘러 옷은 본래의 역할을 넘어 다양한 직업과 격식을 나타내거나 개성을 드러내는 수단이 되었습니다.

계절마다 새로운 디자인을 선보이던 패션 시장은 이제 4~5주마다 새로운 유행을 만들어 내는 패스트패션(fast fashion)으로 진화했습니다. 유니클로(UNIQLO), 자라(ZARA), H&M 등 우리에게 익숙한 브랜드가 여기에 속합니다. 이 회사들은 디자인부터 생산, 유통, 판매까지 회사가 직접 관리해 최신 유행을 반영한 상품을 빠르고 저렴하게 시장에 내놓습니다. 그런데 그 속도가 점점 빨라져 이제는 1~2주 만에 기획, 제작, 판매가 이뤄지는 '울트라 패스트패션'의 시대가 열렸습니다.

영국의 대표적인 울트라 패스트패션 업체 부후(Boohoo)는 매주 4,000종의 신상품을 출시하고 있어요. 이렇게 짧은 주기로 새로운 디자인을 끊임없이 생산해 내는 것은 소비자가 소비를 멈추지 않도록 하기 위한 전략이랍니다. 이처럼 많은 옷을 쏟아내는 오늘날의 패션산업은 전 세계 온실가스 배출량의 10%를 차지해요.[2]

2000~2019년 기간에 세계 인구가 1.3배 늘어난 반면 섬유 생산량은 2배 가까이 늘어 2019년 생산량만 1억 1,100만t에 달합니다. 2030년 예상 생산량은 1억 4,600만t이라고 하니[3] 도대체 얼마나 많은 옷이 만들어지고 있는 것인지 가늠조차 되지 않아요. 이렇게 섬유 생산량이 증가한 것은 경제가 성장하고 옷에 대한 관심이 늘었기 때문이기도 하지만, 옷 가격이 매우 저렴해지면서 생산량이 늘었기 때문이겠지요. 확실한 건 그 많은 옷이 사람들의 옷장에 다 들어갈 수는 없다는 사실입니다. 그럼 그 옷들은 모두 어디로 갈까요?

기부하는 쓰레기?

1년에 1,000억 벌의 옷이 만들어지지만, 같은 기간 그중 3분의 1이 버려지는 현실, 바로 패스트패션이 만든 결과입니다.[4] 환경부에 따르면 전국 가정과 사업장에서 배출하는 폐의류는 하루 약 161.8t(2019년 기준)으로[5] 대부분 재활용가능자원으로 분리 배출해 위탁업체에서 수거합니다. 특히 가정에서는 더 이상 입지 않는 옷이나 패션 소품을 인근의 헌옷수거함에 넣거나 재활용 상점에 '기부'합니다. 그러면 누군가가 재사용하거나 어딘가로 보내져 재활용될 것이라는 생각 때문에 저렴한 가격의 옷을 여러 개 구입해 두세 번 입고 버려도 마음의 불편함이 크지 않지요. 그런데 이 옷들은 정말 재활용이 잘되고 있을까요?

우리가 헌옷수거함에 버린 옷들은 수출업체 선별장으로 보내지는데, 그중 5%만이 국내 빈티지숍으로, 나머지 95%는 인도, 캄보디아, 우간다 같은 나라들로 수출됩니다.[6] 이곳에서조차 절반 이상은 팔리지 않는데, 그 양이 어마어마합니다. 지역 폐기물 처리 시스템이 감당할 수 없을 정도라 시장 근처에서는 헌옷이 강을 이룹니다. 가나의 수도 아크라에는 산처럼 쌓인 옷 폐기물 위에서 소들이 합성섬유를 뜯어먹는다고 해요.

영국의 구호단체 옥스팜에 따르면 "서방에서 기부된 재활용 의류 70% 이상이 아프리카 대륙으로 간다"라고 합니다.[7] 우간다인

SA
LE
UP TO
50%

의 80%, 가나인의 90%가 수입된 구제 옷이나 자선단체가 보낸 의류를 입는데,[8] 이로 인해 지역에서 생산된 옷을 소비하는 사람이 사라졌고, 섬유산업에 종사하는 사람이 크게 줄었다고 합니다. 2016년 동아프리카 6개 나라가 자국의 섬유산업을 다시 일으키기 위해 미국 등 선진국으로부터 중고의류, 신발을 수입하는 것을 2019년까지 단계적으로 중지하겠다고 밝혔습니다. 하지만 오래지 않아 백기를 들 수밖에 없었습니다. 이미 자국의 섬유 생산 기반이 무너진 상태인 데다, 헌옷 수입과 관련된 일로 생계를 잇는 인구가 너무 늘어난 상황이었기 때문이에요. 또 이 조치로 자국의 중고의류산업이 큰 타격을 입을 것으로 판단한 미국이 아프리카 국가에 제공해 오던 관세 혜택을 없애겠다고 으름장을 놓았기 때문입니다.[9] 대량생산과 대량소비, 대량 폐기로 유지되는 패스트패션 산업이 단순히 환경오염 문제에 그치지 않는다는 사실을 알 수 있습니다.

우리나라는 세계 5위의 헌옷 수출국입니다.[10] 비용도 제대로 지불하지 않고 어마어마한 양의 쓰레기를 처리해 온 셈이지요. 사는 데 5분이면 충분한 옷이 남기는 흔적은 너무 길고 깊습니다.

식탁 위에서 다시 만난 옷

우리가 입는 옷은 대부분 합성섬유로 만들어졌어요. 나일론, 폴리에스테르, 아크릴, 폴리우레탄, 인조가죽 등은 모두 화석연료인 석유를 원료로 한 합성섬유이지요. 그중 플라스틱 성분인 폴리에스테르가 전체 옷감 중 57.7%를 차지합니다.[11]

화석연료로 만들어진 직물은 가볍고 내구성이 좋은 데다 저렴한 비용으로 생산할 수 있어 패션산업이 성장하는 데 큰 역할을 했습니다. 하지만 합성섬유를 생산하는 과정에서 배출되는 온실가스는 패션 부문 전체 배출량의 15~20%를 차지할 정도로 그 영향이 큽니다.[12] 그런데 합성섬유의 영향은 온실가스 배출에 그치지 않습니다. 바다 생물과 우리의 식탁까지 위험에 빠뜨리지요.

캐나다 해양보존협회 연구팀이 북극 해수면 아래 쌓인 미세플라스틱•을 분석한 결과, 이 가운데 합성섬유가 92.3%, 그중에서도 폴리에스테르가 가장 큰 비중(73.3%)을 차지했다고 합니다.[13] 옷을 만드는 과정에서는 물론이고, 우리가 옷 한 벌을 세탁할 때마다 수백만 개의 미세플라스틱이 발생합니다. 세계자연보전연맹(IUCN)에 따르면 미세플라스틱 오염의 약 35%가 합성섬유 제품을 세탁하는 과정에서 발생한다고 합니다.[14] 배수구를 통해 강과 바

• 100nm(나노미터) 이상, 5mm 미만 크기의 미세한 플라스틱 조각.

다로 흘러간 미세플라스틱을 물고기, 조개 등 다양한 해양생물이 섭취하고, 식탁 위의 해산물을 통해 인간의 몸속으로 들어옵니다.

한 사람이 일주일간 섭취하는 미세플라스틱은 약 2,000개로, 신용카드 한 장을 먹는 셈이라고 해요.[15] 미세플라스틱이 인체에 어떤 영향을 미치는지는 2010년대에 뒤늦게 연구를 시작해 아직 밝혀진 것이 적지만 크게 세 가지로 나누어 볼 수 있다고 합니다.

첫 번째는 미세플라스틱 자체가 미치는 물리적 영향입니다. 미세하게 부서지는 과정에서 형성된 예리한 부위가 소화기 내부에 상처를 내거나 장기를 손상시킬 수 있어요. 그리고 작은 입자가 혈관이나 모세혈관에 침투할 수도 있습니다.

두 번째는 화학적 영향입니다. 플라스틱 제조 과정에서 다양한 화학물질이 사용되는데, 이 가운데는 인체의 호르몬 시스템을 방해해 암, 당뇨, 생식장애 등을 일으키는 물질도 있습니다. 흔히 '환경호르몬'이라고 부르지요. 미세플라스틱 또한 이 환경호르몬 문제를 품고 있습니다.

마지막으로 미세플라스틱의 구조상 다양한 물질이 쉽게 달라붙어, 미생물이나 바이러스 등을 옮길 수 있습니다.[16] 여러 연구 결과에 따르면 미세플라스틱은 니켈, 납, 카드뮴 같은 중금속 흡착도가 일반 플라스틱보다 1.5~25배가량 더 높다고 해요.[17] 미세플라스틱이라는 말이 학계에 처음 등장한 것은 2004년이지만, 실제로는 그보다 훨씬 전부터 우리 몸속에 축적되어 왔을지도 모릅니다. 이에 그간 화학물질 탓으로 추정해 온 여러 질환의 증가가 사실 미세플라스틱 때문이라는 주장도 나오고 있습니다.

미세플라스틱뿐 아니라 섬유를 만들거나 염색하는 과정에서 쓰이는 여러 화학물질로 인한 물 오염도 심각합니다. 전 세계 산업 폐수의 20%가 패션산업에서 발생한다고 해요. 또한 패션산업은 연간 1조 5,000억L에 이르는 물을 사용하는, 두 번째로 물 소비가 큰 산업이기도 합니다.[18] 의류 공장이 들어서 있는 개발도상국의 주민들은 물 오염과 식수 부족으로 지금도 고통받고 있어요.

화려한 패션 뒤에 가려진 생명들

누가 내 옷을 만들었을까?

우리가 옷을 가질 수 있는 것은 그 옷을 만드는 사람들이 있기 때문입니다. 본을 따라 옷감을 자르고, 재봉하고, 단추며 지퍼며 스팽글을 다는 노동자 말입니다. 패스트패션 업계에서 옷을 빠르게, 그리고 저렴하게 생산할 수 있는 이유는 방글라데시, 스리랑카, 인도네시아와 같이 인건비가 낮은 나라에서 옷을 만들기 때문입니다. 이 지역의 의류 공장 노동자들이 시간당 300원에 못 미치는 급여를 받으며 만든 옷은 한 장에 5,000원짜리 티셔츠, 한 벌에 1만 2,000원짜리 청바지로 우리에게 돌아옵니다. 그리고 저렴한 인건비가 주는 혜택은 오롯이 기업에 돌아갑니다. 반면 노동자들은 위험하고 열악한 환경에서 혹독한 노동을 해야 합니다.

10여 년 전인 2013년 4월 24일 아침. 방글라데시 수도 다카 인근의 의류 공장 '라나플라자'가 붕괴돼 2,500여 명이 다치고 노동자 1,136명이 사망했습니다.[19] 원래 5층이었던 이 건물은 사업이 번창하자 8층으로 증축하고, 사고 당시엔 9층을 올리는 공사가 진행 중이었습니다. 더 놀라운 것은 애초 공장으로 설계된 건물이 아니었다는 사실입니다. 쇼핑몰 용도로 지어진 건물을 불법으로 용도 변경을 한 건데요, 설계 당시에 고려하지 않은 각종 공장 기기의 무게도 붕괴의 원인이 되었습니다. 사고 전날 공장 노동자들은 건물이 위험하다고 항의했지만 일을 안 하면 임금을 깎겠다는 협박에 그다음 날 다시 일을 시작했고, 작업 재개 후 얼마 안 가 건물이 무너졌습니다. 희생자 대부분은 10대 소녀였습니다.

이런 큰 사고가 아니더라도 공장 노동자들과 인근 주민들은 섬유 염색, 화학 처리 공정에 의한 대기오염과 하천오염으로 고통스러운 일상을 보냅니다. 방글라데시 하자리바그는 세계 최대 가죽 생산지이자, 세계 10대 오염지역으로 발표된 곳입니다. 가죽을 원단으로 가공하는 과정에서 사용되는 유해물질 때문에 지역주민들은 만성 피부질환과 호흡기질환을 앓고 있으며, 가죽 공장 노동자의 90%가 50세 이전에 사망한다는 보고도 있습니다.[20] 우리가 손쉽게 구입하는 가죽 제품들 이면에 이들의 고통스러운 삶이 있는

패션레볼루션의 캠페인. 옷의 상표와 #Whomademyclothes?(누가 내 옷을 만들었는가?)라는 해시태그를 SNS에 올려, 패션 기업에 투명성과 윤리의식을 요구하는 캠페인이다.

것입니다.

수많은 사망자가 발생한 라나플라자 사고를 계기로 설립된 영국의 비영리단체 패션레볼루션(Fashion Revolution)은 '환경을 보전하고 복원하며 성장과 이윤보다 사람을 중시하는 글로벌 패션산업'을 비전으로 내세우며 제품의 제조·유통·판매 과정을 투명하게 공개하고, 노동조건을 개선할 것을 패션 기업에 요구했습니다.[21] 이에 따라 몇몇 다국적기업의 약속을 받아 냈지만, 강화된 윤리

기준에 필요한 비용은 고스란히 현지 공장에 떠맡겨지고 있답니다. 현지의 열악한 노동환경과 그로 인한 질병, 환경오염은 금액으로 환산하기 어려울 만큼 큰 피해입니다. 패션산업은 그 책임에서 자유로울 수 없습니다.

동물을 입다

여러분의 옷장, 신발장에 있는 패션소품들이 무엇으로 만들어졌는지 한번 확인해 볼까요? 대부분이 합성섬유 소재겠지만 동물로부터 얻은 소재도 적지 않을 겁니다. 가죽이나 털과 같이 동물로부터 얻은 소재는 스웨터, 재킷, 운동화, 구두, 가방 등에 두루 쓰입니다. 그중 가죽은 태곳적부터 인류가 사용해 온 자연 소재입니다. 사냥을 통해 고기를 얻고, 남은 가죽으로는 옷과 신발을 만들어 몸을 보호했습니다.

오늘날 가죽은 육류를 얻고 남은 부산물로서가 아니라 그 자체로 경제적 가치가 높습니다. 한 연구 결과에 따르면 2011년 전 세계 가죽 생산량을 면적으로 따지면 1,800km²에 달한다고 합니다.[22] 잘 가늠이 안 되지요? 서울시 면적이 약 605km²이니, 한 해 동안 서울시 면적의 3배가 넘는 면적으로 가죽이 만들어지고 있는 것입니다.

문제는 가죽을 얻을 목적으로 수많은 생명을 비윤리적으로 사육하고 도살한다는 사실입니다. 패션계에서 고급 소재로 여겨지는 뱀, 악어, 타조의 가죽은 살아 있는 상태에서 벗겨 내야 부드러운 질감을 유지할 수 있어 마취도 하지 않고 고통스럽게 가죽을 벗겨 냅니다. 마취 없이 작업함으로써 비용을 절감하는 효과도 얻고 있는 것이고요. 결국 우리는 동물의 고통을 입고, 신고, 손에 드는 건 아닌지 생각해 봐야 합니다.

최근 이런 윤리적인 문제에 분노하는 소비자들이 늘면서 패션 시장도 차츰 변화하고 있습니다. 2000년대부터 영국, 오스트리아, 독일 등 유럽을 중심으로 몇몇 국가가 모피 생산을 금지했고, 미국 캘리포니아주는 아예 모피 제품 판매를 금지하는 법안을 통과시켜 2023년부터 시행할 예정이라고 해요. 할리우드 스타들이 동물 학대로 얻은 옷이나 가방 등은 걸치지 않겠다고 선언하고, 세계적 패션위크인 런던 패션위크에서도 모피를 금지하고 있어요. 그럼 우리나라는 어떤 상황일까요? 전 세계적인 모피 퇴출 분위기에도 불구하고 중국과 러시아에 이어 모피를 가장 많이 소비하는 나라이며, 세계 가죽 수입량 5위권에 들어요.

한편 동물성 소재를 전혀 사용하지 않는 비건패션에 대한 관심도 높아지고 있습니다. 대중적으로 상용화되진 않았지만 코르크 나무의 껍질로 만든 코르크 가죽, 버섯균사체를 배양해 압축한 버섯 가죽, 파인애플 잎사귀와 줄기로 만든 파인애플 가죽, 선인장 가죽 등 대체 소재 개발이 적극 이뤄지고 있고, 이를 활용한 제품도 출시되고 있답니다. 암울한 현실에서도 이렇듯 희망을 만들어 가는 이들이 있고, 더 많은 사람이 함께한다면 변화를 앞당길 수 있으니 낙담은 금물입니다! 패션산업은 호응하는 소비자가 없다면 살아남을 수 없는 시장인 만큼 소비자 한 사람 한 사람의 선택이 패션 생태계를 바꾸어 낼 겁니다.

옷의 당당한 주인 되기

온실가스를 줄여라, 패션산업의 과제

패션산업은 석탄에 크게 의존합니다. 제조 공장의 각종 기계를 돌리기 위한 전력 발전, 직물 염색 및 마무리 공정에 필요한 증기와 온수를 만드는 산업용 보일러에 석탄이 주로 사용됩니다. 글로벌 환경단체 스탠드어스(Stand.earth)에 따르면 이와 같은 공정은 전체 패션산업 온실가스 배출량의 40%를 차지하는 것으로 추정됩니다.

그런데 이런 제조 시설은 대부분 인건비가 싼 중국, 베트남, 방글라데시와 같은 나라에 있어요. 선진국을 중심으로 탈석탄과 재생에너지로 단계적 전환이 이루어지고 있지만, 이 국가들은 여전히 석탄 및 화석연료에 대한 의존도가 높은 겁니다. 이는 패션 기업의 탄소중립 선언이 제조 기반에 대한 탄소중립 의지를 동반하지 않는다면 지키지 못할 반쪽짜리 약속이 된다는 사실을 보여 줍니다. 스탠드어스는 패션 기업들이 내세우는 온실가스 감축목표의 대부분이 배출량의 10% 이하를 차지하는 매장·시스템 관리 같은 자체 운영 부문에 집중되어 있다고 보고했어요.

물론 제조시설의 탄소중립을 위해 노력하는 기업들도 없지는 않습니다. 나이키, 리바이스, 마무트, 아식스, 푸마 등 6개 브랜드는 석탄 화력 보일러 사용을 중단했거나 중단하기 위해 제조국 파트너와 협력하고 있으며, 제조공장의 동력과 설비를 재생에너지 방식으로 전환하기 위한 구체적 실천에 돌입했어요. 아직은 적은 수에 불과하지만 의류를 제조하는 나라에서 온실가스 배출을 줄이는 실질적 노력이 더 널리 이루어지는 날이 오기를 기대해 봅니다.

한편, 실제 소비국과 멀리 떨어진 나라에서 옷이 만들어지는 현 상황은 또 다른 문제를 낳습니다. 세계 곳곳으로 운송하는 과정에서 온실가스가 많이 배출되기 때문입니다. 2019년에 패션산업이 해상 화물의 8%, 항공 화물의 6%를 차지했다고 하니, 해상 및 항공 화물계의 가장 큰 고객이라 할 수 있겠네요.[23] 패션산업에서 배출하는 온실가스 중 10%가 운송 분야인 만큼, 선박과 항공에서 온실가스를 감축할 방안을 모색하는 것 또한 패션산업계의 숙제라 할 수 있습니다.

합성섬유 제조로 인한 온실가스 배출도 패션산업이 해결해야 할 과제입니다. 스탠드어스에 따르면 많은 의류업체가 합성섬유 사용을 줄일 해결책으로 재활용 플라스틱 사용을 제시했다고 하네요. 하지만 일회용 플라스틱 병 등을 재활용해 옷을 만든다 해도, 입고 세탁하는 과정에서 무수한 미세플라스틱을 발생시킨다는 점은 변하지 않아요. 또 합성섬유 의류를 폐기하지 않고 그것으로 새로운 의류를 만들지 않는 한 의류 폐기물 문제는 본질적으로 해결될 수 없습니다. 합성섬유 자체가 재활용이 어려운 소재이기에 생겨나는 근본적인 문제이기도 하지요. 이런 문제의식에서 출발해 우유 폐기물이나 해조류로 섬유와 연료를 만드는 방안이 시도되고 있다고 합니다.[24]

환경에 미치는 영향이 적거나 재활용이 쉬운 재료로 섬유를 만드는 것도 중요하지만, 무엇보다 옷을 지나치게 많이 생산하고 소비하는 생활방식부터 바뀌어야해요. 나이키, 갭(GAP), H&M 등 86개의 세계적 패션 기업이 '기후행동 패션산업 헌장(Fashion Industry Charter for Climate Action)' 이행을 약속했어요. 2018년 유엔기후변화협약에 따른 이 헌장은 2030년까지 전 세계 온실가스 배출량을 2018년 대비 최소 30% 이상 줄이는 데 동참하고, 2050년까지 탄소중립을 달성한다는 비전을 담고 있습니다. 새 옷에 관심을 갖는 만큼 패션 기업이 얼마나 실천하는지 관심을 갖는 소비자가 늘어난

다면 이 비전이 기업의 말잔치로만 끝나지 않고 진정한 변화를 불러오겠지요?

오래 입는 것이 친환경이다

합성섬유, 동물 유래 소재가 아닌 천연섬유로 옷을 만들면 문제가 없는 걸까요? 천연소재 가운데 가장 널리 사용되는 면을 한번 살펴봅시다. 면의 원료인 목화를 재배하는 농장에서는 엄청난 양의 비료와 살충제를 씁니다. 전 세계 경작지 중 면 재배지는 3%이지만, 여기서 전 세계 살충제의 11%를 사용할 정도예요.[25] 독성이 강한 살충제는 흙, 공기, 물을 오염시키지요. 재배한 목화를 직물로 만들기 위해서는 표백과 염색 가공을 거쳐야 하는데, 이 과정에서도 다량의 화학물질이 사용됩니다.

물 사용량도 매우 많습니다. 우리가 가볍게 사 입는 면 티셔츠 한 장을 만드는 데 2,700L의 물이 사용되는데, 이는 한 사람이 2년 반 동안 마실 수 있는 양이라고 합니다.[26] 천연 소재라고 해서 환경에 영향을 미치지 않는 것이 아니네요. 결국 변화를 위해 가장 중요한 행동은 '꼭 필요한 것만 구입하고 오래 입는 것'이라고 할 수 있습니다.

기후위기 대응을 촉구하며 매주 금요일 결석 시위를 벌인 그레타 툰베리는 18세 생일을 맞아 이제부터 새 옷을 사지 않겠다고 선언했습니다. 세계적인 캠페인으로는 '아무것도 사지 않는 날(Buy Nothing Day)'이 있습니다. 1992년 캐나다에서 광고업을 하던 테드 데이브가 시작한 캠페인으로, 추수감사절 다음 날 단 하루만이라도 과소비가 지구에 어떤 영향을 끼치는지, 현 세대가 무분별하게 사용하는 자원이 다음 세대의 권리를 뺏는 것은 아닌지 생각해 보고 소비를 멈추자는 취지입니다. 한국에서는 환경단체 녹색연합이 2002년 처음으로 시작했지요. 공교롭게도 '아무것도 사지 않는 날'로 정한 그날은 세계적으로 엄청난 소비가 이뤄지는 '블랙 프라이데이(Black Friday)'이기도 합니다.

기후위기와 쓰레기 문제를 고민하며 새 옷을 사지 않는 '노쇼핑족'도 늘고 있습니다. 이들은 가지고 있는 옷을 오래 입고, 지인과 나눠 입으며, 가급적 중고를 구입합니다. 물론 새것을 무조건 사지 않는 것은 아닙니다. 꼭 필요한 것이 있다면 그 물건이 어떤 성분으로, 어떤 조건에서 만들어졌는지 신경 써서 살피고, 가격이 저렴한 것을 많이 사기보다는 더 오래 사용할 수 있는 것을 적게 삽니다. 충동구매를 지양하고 여러 가지를 고려해 신중하게 구매하는 것이죠. 이렇게 하면 자연히 의류 쓰레기도 줄어들겠지요.

또한 이러한 실천은 뜻밖의 좋은 결과를 맺기도 합니다. 소비를 줄이면서 자연스레 돈을 절약하게 되고, 불필요하거나 사용하지 않는 물건이 줄어 생활공간에도 여유가 생깁니다. 공허함에 쇼핑을 하고 난 뒤 쇼핑으로 생겨난 쓰레기에 불편한 감정을 느끼는 일도 줄어들지요. 무엇보다 내가 이미 소유한 옷과 물건이 소중하게, 새롭게 느껴질 거예요. 패션은 개성을 나타내는 가장 편리한 방법이지만, 나다움을 가장 잘 드러낼 방법이 꼭 유행을 따라가는 것만은 아니니까요.

구멍 난 양말을 기우거나 일부분이 망가진 옷을 수선해 입기보다는 새 옷을 사는 것이 더 익숙한 요즘입니다. 가격이 저렴해진 옷은 딱 그만큼 내구성도 나빠 한두 번 세탁하고 나면 금방 해지고 올이 풀려 버리기 일쑤지요. 파타고니아 전 CEO 로즈 마카리오는 오늘날 사람들은 이제 물건의 '소유자'가 아닌 '소비자'가 되었다고 말합니다. 그는 물건을 깨끗이 관리하고, 수선하고, 재활용하고, 나누며, 자신이 구입한 것에 대한 책임을 다하는 사람을 '소유자'라고 부르며, "망가진 옷을 오래 입는 것은 자연을 지키기 위한 급진적인 행동"[27] 이라고 주장합니다.

파타고니아는 2011년 "이 재킷을 사지 마세요(Don't buy this jacket)"라는 파격적인 광고를 통해 자신들의 경영 철학을 보여 줬습니다. 당시 매출이 40% 이상 뛰었다는 사실은 다소 아이러니하지만, 환경을 생각하는 기업의 메시지에 소비자의 마음이 움직인 것이라고 봐도 되겠지요. 실제로 파타고니아에서는 소비자들이 옷을 오래 입을 수 있도록 구입한 제품의 수선을 평생 보장하고 있습니다. 해마다 4만 벌 이상의 옷을 수선한다고 해요. 또 노동자들의 삶의 질을 보장하고 노동환경을 개선하기 위해 전 제품을 공정무역 프로그램으로 생산하고 있다고 하네요.

이처럼 기업들은 소비자가 물건을 오래 쓸 수 있도록 수선과 관리가 쉽고 품질이 뛰어난 제품을 만들 책임이 있습니다. 또 그 옷을 구입하는 우리도 단순한 소비자로 머물기보다 물건의 생애를 관리하는 당당한 '소유자'가 되기 위해 노력해야겠지요. 그 실천의 첫 단추를 오늘부터 채워 볼까요?

지구를 위한 옷장 만들기

평균적으로 옷장 속 10벌의 옷 중 2벌은 입지 않는 옷이라고 합니다. 여러분은 어떤가요? 지구 생태계와 동물, 옷을 만드는 사람들을 위하는 옷장은 어떻게 만들 수 있는지, 그 방법을 하나씩 살펴봅시다.

1. 계절마다 해당 계절에 주로 입는 옷으로 옷장을 정리합니다.
2. 자주 입거나 꼭 필요한 의류만 옷장에 걸어 둡니다.
3. 옷을 제대로 세탁하고 관리하는 법을 익혀 오래 입습니다.
4. 바늘과 실은 필수용품! 간단한 수선은 스스로 해 봅니다.
5. 새 옷이 필요하거나 더 이상 필요 없게 된 옷이 있을 때는 중고의류 가게를 이용하거나 주변 사람과 교환합니다.
6. 위와 같은 방법으로 '1년 동안 새 옷 사지 않기'에 도전해 봅니다.
7. 꼭 새 옷을 구매해야 한다면 유행을 타지 않고 튼튼해 오래 사용할 수 있는 제품을 선택합니다.
8. 모피, 가죽, 앙고라 등 동물로부터 얻은 소재는 피합니다.
9. 공정무역 제품, 친환경 소재로 만든 제품을 선택합니다.

03

먹는 것은 더 이상 사적인 문제가 아니다

축산업은 전 세계 농지의 77%를 사용하지만,
그것에서 생산되는 칼로리는 전 세계 칼로리 생산량의 18%뿐이다.

요즘 미디어에는 음식 관련 프로그램이 넘쳐 납니다. 꼭 음식이 주제가 아니더라도 음식을 먹거나 요리하는 모습이 많이 비치지요. 이런 프로그램에서는 새로운 자극을 주는 음식 정보를 다양하게 제공하고, 맛집 탐방을 위해 여행을 마다하지 않기도 합니다.

반면 우리가 알아야 하는 음식의 다른 면은 거의 드러나지 않습니다. 이를테면 전 세계 온실가스 배출량의 4분의 1 이상이 식량의 생산 및 소비 과정에서 발생한다거나[1], 소고기를 얻기 위해 하루에도 여의도 면적의 수배에 달하는 열대우림을 불태운다거나, 전 세계에서 생산된 식량의 17%가 그냥 버려진다[2]는 정보 말입니다. 우리의 식탁과 동떨어진 이야기처럼 들리지만 바로 그 식탁에서 문제가 시작되고 있지요.

무엇을 먹을지 선택하는 건 온전히 나의 자유라고 생각하기 쉽습니다. 하지만 우리는 우리가 선택한 음식이 불러일으킨 환경·정치·사회적 문제로부터 결코 자유로울 수 없어요. 말 그대로, 먹는 것은 더 이상 사적인 문제가 아닙니다. '알고 먹으면 보약, 모르고 먹으면 독약'이라는 말이 있지요. 먹거리의 불편한 진실을 마주하는 일은 나도 모르게 하나뿐인 지구에 뿌려 온 독약을 거두기 위한 첫발이라 해도 과언이 아닙니다. 지금부터 함께 그 첫걸음을 디뎌 볼까요?

불타는 지구의 허파

지구온난화를 앞당기는 지나친 육식

1960년 약 30억 명이었던 세계 인구는 불과 60여 년 만인 2020년 약 78억 명이 되었습니다.[3] 유엔식량농업기구(FAO)는 2050년이면 세계 인구가 96억 명에 달할 것이며, 이 인구 전체를 먹이려면 식량 공급량이 전 세계적으로 50%가량 늘어야 한다고 분석했습니다.[4] 식량 생산을 이만큼 늘리는 게 과연 가능할까요?

세계적인 베스트셀러 《랩 걸》의 저자이자 지구물리학자인 호프 자런은 "지금 필요한 건 더 많은 곡물이 아니라 공평한 분배"[5]라고 말합니다. 이미 충분히 많은 농산물이 생산되고 있으니 공평하게 분배한다면 식량문제를 해결할 수 있다는 겁니다. 실제로 오늘날 전 세계에서 생산되는 곡물의 칼로리 중 52%만을 사람이 소비한다고 합니다. 나머지 31%는 축산업의 사료로 사용되고 있지요.[6]

한국에서 소는 생후 30개월, 무게가 650kg가량일 때 가장 많이 도축됩니다.[7] 소 한 마리가 도축되기 전까지 평생 먹는 사료의 양은 약 5t 가까이 되고요.[8] 그러니 소고기 1kg을 얻는 데 사료 약 8kg이 필요한 셈입니다. 배보다 배꼽이 더 크다는 말이 딱 들어맞네요. 2019년 기준으로 전 세계에 소가 15억여 마리 있다고 하니,[9] 소의 사료로 쓰이는 곡물의 양이 정말 적지 않습니다.

아프리카 등지에서는 식량이 부족하고 깨끗한 물을 얻을 수 없어 사람들이 고통받고 있는데, 한쪽에서는 고기를 얻기 위해 어마어마한 양의 곡물과 물을 쓰는 겁니다. 이러한 현실을 보면 호프자런의 주장에 고개를 끄덕이게 됩니다. 문제는 인간이 먹기에도 부족한 곡물을 고기 생산에 쓴다는 데 그치지 않습니다. 축산업과 온실가스 배출은 아주 직접적인 관계를 맺고 있거든요.

소는 사료를 소화하는 과정에서 '메탄'을 만들어 방귀와 트림을 통해 배출합니다. 메탄은 6대 온실가스 중 하나로 이산화탄소보다 비중은 적지만 지구온난화에 미치는 영향은 21배 더 강력해 지구온난화에 약 30%의 영향력을 발휘합니다.[10] 2021년 10월, 환경부는 메탄을 감축하기 위해 미국과 유럽연합 주도로 결성된 '글로벌 메탄 서약'에 가입한다고 밝혔어요.[11] 24개국이 참여하고 있는

한국인의 1인당 연간 육류 소비량

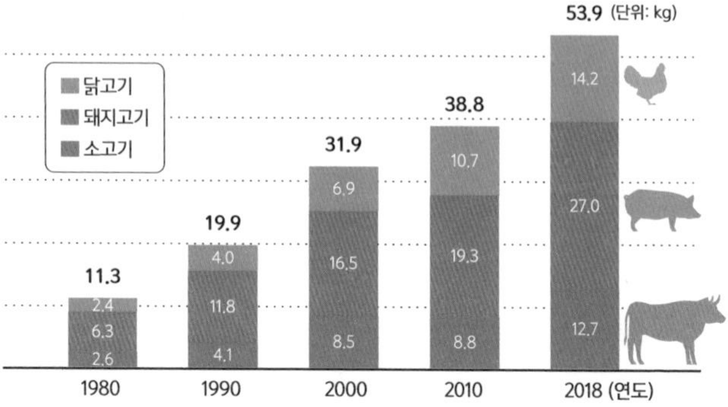

* 자료: 통계청

이 서약은 2030년까지 전 세계 메탄 배출량을 2020년 대비 최소 30% 감축한다는 목표를 갖고 있습니다. 메탄은 대기 체류 기간이 약 10년으로 다른 온실가스에 비해 짧아, 국제적 노력을 기울인다면 기후위기 대응에 큰 도움이 될 수 있다고 해요. 메탄 배출량을 줄이려면 육류 생산과 소비를 줄이는 것이 필수겠지요.

그런데 육류 소비량은 오히려 가파르게 늘고 있습니다. 한국인 한 명이 1년간 소비하는 육류의 양을 나타낸 그래프를 보면, 2018년 기준으로 53.9kg의 육류를 소비한다는 걸 알 수 있어요. 이는 1980년에 비해 5배가량 늘어난 양입니다.[12] 세계적으로 보더라도 1960년대 초반에 비해 인구는 2배 조금 넘게 늘어난 반면 육류 생산량은 5배 가까이 늘어났습니다.[13] 지구인은 지금 너무 많은 고기를 먹고 있는 게 아닐까요?

소를 키우느라 불타는 아마존

2019년 8월, 지구 동식물의 10% 이상이 서식하고 있는 '생명 다양성의 보고' 아마존에 큰불이 났습니다. 세계인들은 아마존이 수개월에 걸쳐 불타는 모습을 애타는 마음으로 바라봐야 했지요. 무려 1년 넘게 이어진 이 산불의 시작은, 소 키울 공간을 만들고 소가 먹을 사료를 경작하기 위해 사람들이 일부러 낸 불이었습니다.

육류 소비가 세계적으로 증가하자 숲이나 농지였던 곳을 목축지나 사료 경작지로 바꾸는 일이 늘었습니다. 이산화탄소를 흡수해 줄 숲과 토양은 줄고 메탄을 배출하는 가축을 위한 땅은 늘어났으니 기후위기는 더 가속화할 수밖에 없겠지요. 또 수많은 야생동물의 보금자리가 사라졌어요. 이게 끝이 아니에요. 열대우림이 불탈 때 발생한 블랙카본은 지구온난화에 영향을 미치는 주요 물질입니다.

블랙카본은 석유처럼 탄소를 함유한 연료를 소각할 때 나오는 검은 그을음을 말합니다. 논밭의 남은 부산물을 빠르게 없애고 병해충을 잡을 수 있다는 이유로 매년 농경지를 태우는 일이 반복되

식량 생산을 위한 세계 토지 이용 비율

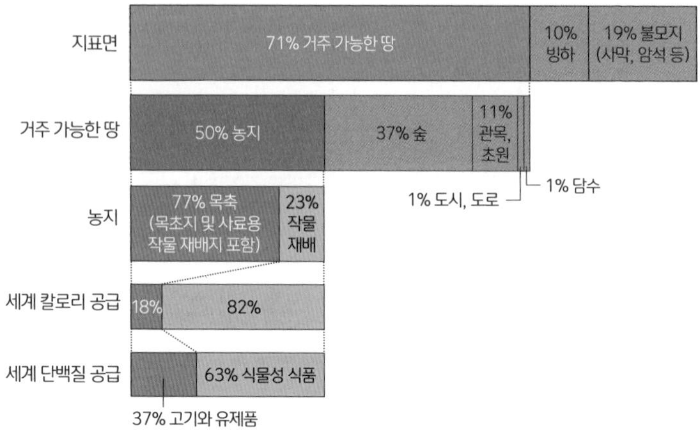

* 자료: FAO, Our World in Data

고 있는데, 이 과정에서도 블랙카본이 발생해요. 아마존이 불타며 생겨난 블랙카본이 바람을 타고 이동해 안데스 빙하를 뒤덮으면 눈과 얼음이 더 빠르게 녹을 수 있습니다. 하얀 빙하 표면보다 검은 그을음이 더 많은 태양열을 흡수하기 때문입니다. 한여름에 검은색 옷을 입으면 더 더워지는 것과 같은 원리이지요. 게다가 블랙카본이 열을 흡수하는 힘은 이산화탄소보다 460~1,500배나 강하다고 합니다.[14]

육류를 얻기 위해 세계의 토지가 어떻게 얼마나 사용되는지 그 영향은 어떤지 살펴봅시다. 육지 가운데 거주 가능한 땅의 절반이 농업에 사용되는데, 그 77%가 축산업을 위한 목축지와 목초지입니다. 하지만 여기서 생산하는 건 전 세계 칼로리의 18%, 단백질의 37%뿐이에요. 게다가 축산업 확대에 따른 서식지 파괴는 생물다양성을 위협하는 큰 원인 중 하나가 되고 있고요.[15] 육류를 즐겨 먹는 식생활의 대가가 너무 크지 않나요?

기후위기가 우리의 일상을 위협하다 보니 채식 중심으로 식생활을 바꾸어야 한다는 목소리가 점점 힘을 얻고 있어요. 물론 개인이 육식을 자제하는 것만으로 이 문제를 해결할 수는 없지요. 완전 채식이 가능한 식당을 찾기 힘든 한국에서는 개인적 실천 또한 쉽지가 않고요.

기후변화를 앞당기는 음식, 기후위기로 사라지는 음식

우리가 즐겨 먹는 음식 가운데 고기처럼 기후변화를 앞당기는 먹거리가 또 있습니다. 기네스북이 선정한 슈퍼 푸드 중 하나인 아보카도인데요. '숲속의 버터'로 불릴 만큼 영양가가 높지만 최근에는 악명 또한 높아지고 있어요. 재배 과정에서 엄청나게 많은 물이 필요하기 때문입니다. 아보카도 1개를 얻는 데 소요되는 물의 양은 320L로, 오렌지의 15배에 달합니다. 아보카도 생산에 쓰일 물을 대느라 지하수가 고갈되어, 생산지 주민들이 물 부족에 시달리고 있다고 해요. 아보카도 최대 생산지인 칠레는 아보카도가 가뭄을 일으키는 직접적 원인이라고 발표하기도 했습니다.

그러나 점점 늘어나는 수요를 맞추기 위해 아보카도 생산지는 날로 확대되고 있고, 이 과정에서 열대우림이 파괴되고 서식지를 잃은 동물들은 개체수가 빠르게 줄고 있답니다. 앞서 육류 생산이 만들어 내는 문제와 닮았지요? 심지어 멕시코에서는 아보카도 농장에 마약 범죄 조직이 연루되면서 '피의 아보카도'라는 별명이 생겨나기도 했습니다. 이런 이유로 영국 식당가에서는 아보카도를 퇴출하는 곳이 늘고 있다고 합니다.

한국인이 가장 좋아하는 음료는 무엇일까요? 한 설문조사에 따르면 무려 35%가 커피라고 답했습니다.[16] 한국인 성인 1명이 1년에 마시는 커피는 353잔인데, 이는 전 세계 평균(132잔)의 2.7배입니다.(2018년 기준)[17] 그런데 원두는 100% 수입이다 보니 수송 과정의 탄소발자국•이 적지 않습니다. 세계적으로 커피 소비가 늘면서 커피나무를 심기 위해 기존의 열대우림을 밀어내기도 합니다. 아보카도 농장에서 벌어지는 일이 커피 생산지에서도 똑같이 일어나고 있는 거예요.

• 사람이 활동하거나 상품을 생산·소비하는 과정에서 직간접적으로 발생하는 이산화탄소의 양을 나타내는 지표.

그런데 이렇게 인기 많은 커피가 기후위기로 인해 사라질 위기에 처했다고 하는데요. 기후변화로 인한 기온 상승과 병해충으로 야생 커피나무의 60%가 멸종 위기에 처해 있으며, 2050년이면 커피 재배가 가능한 지역이 현재의 절반밖에 되지 않을 것이라 해요.[18] 이미 지난 2017년, 세계 커피 생산량의 3분의 1을 담당하는 브라질에서 극심한 가뭄이 발생해 커피 수확량이 60%나 급감했어요. 290년 커피 재배 역사상 처음으로 브라질이 커피콩을 수입하는 사태도 벌어졌지요.[19] 이대로라면 매일 아침을 커피 한잔으로 시작하는 풍경도 옛이야기가 될 날이 올지도 모르겠습니다.

달콤한 초콜릿 생산도 상황이 비슷합니다. 초콜릿의 원료 카카오는 무더운 기후와 많은 물이 필요한데요. 이런 조건을 갖춘 곳은 적도 부근의 아주 제한적인 지역뿐입니다. 하지만 이 지역도 점차 기후 조건이 달라져 2050년이면 카카오나무 숲은 현재의 10%만 남게 될 거라고 하네요.[20]

이러한 문제를 과학기술로 극복하려는 움직임도 있습니다. 얼마 전 '초콜릿의 나라' 스위스가 코코아의 인공 배양에 성공했다고 발표했어요. 상용화가 되고 가격경쟁력을 갖추기까지는 아직 많은 시간과 투자가 필요하지만, 연구소는 코코아 생산에 따르는 아동노동 착취의 문제와 환경피해를 해소할 수 있을 것이라는 기대도 밝혔습니다.[21] 하지만 코코아 생산으로 생계를 이어 가던 생산지 주민들에게는 앞날이 막막해지는 소식일 거예요.

선진국이 새로운 기술을 개발해 자국에서 작물을 생산하는 식의 문제 해결은 그간 세계인의 식량 창고 역할을 해 온 제3세계 국가의 피해로 이어지게 됩니다. 부유한 나라에서 풍족한 식생활을 누리는 동안 그에 따른 환경파괴는 제3세계의 몫이었어요. 그런데 문제를 해결하는 과정에서 이 나라들이 또다시 피해를 감당해야 하는 상황입니다. 그간 값싼 식량으로 혜택을 누리던 나라들이 책임감을 갖고 더 슬기로운 해결 방안을 마련해야 하지 않을까요?

코로나19의 유행으로 마스크를 쓰기 시작할 때, 많은 이가 금세 지나갈 '당분간의 불편함'이라고 생각했습니다. 사람들과 한 공간에서 웃고 먹고 활동하지 못하는 시간이 이렇게 길어질 거라고는 상상도 못했지요. 기후위기는 코로나19보다도 더 길게, 더 깊게 우리 생활에 좋지 않은 영향을 미칠 거예요. 어쩌면 앞으로 더 많은 것과 작별해야 할지도 모릅니다. 공기와 같이 결코 우리 삶과 뗄 수 없는 소중한 것까지 사라질 수 있습니다. 더 싸게, 더 많이 먹겠다는 욕심으로 지구를 망가뜨려 정말 필요한 먹거리를 잃는 일이 없어야 할 겁니다.

아낌없이 주는 바다에 일어난 일

더 이상 움직이지 않는 바다

지나친 육식이 기후변화를 가속한다거나 기후위기로 사과나 딸기를 한국에서 더 이상 재배할 수 없을 거라는 이야기는 이제 익숙한데, 바다와 기후변화의 관계를 떠올리기는 아직 쉽지 않아요. 국제 수송이 발달하면서 각종 수입 해산물을 마트나 시장에서 쉽게 접할 수 있다 보니, 기후변화로 인한 산지의 상황 변화를 실감하지 못하는 탓도 있을 겁니다. 그러나 지금 바다는 육지 못지않은 기후변화의 위협 속에 놓여 있습니다. 우리에게 바다는 여름에 휴가를 떠나는 곳 혹은 해산물을 얻는 곳 정도의 의미일지 모르지만 지구적 차원에서 바라보면 바다의 역할은 그 이상이랍니다.

지구 면적의 약 70%를 차지하는 바다는 육지와 대기의 과잉된 열의 90%를, 이산화탄소의 30% 이상을 흡수합니다.[22 23] 지구온난화로 달아오른 지구가 아직 파국으로 치닫지 않은 것은 온몸으로 열과 이산화탄소를 가둬 준 바다 덕분이라 해도 과언이 아니지요. 그런데 전 지구의 온도를 관리하는 역할을 해 주는 바다의 상태가 요즘 심상치 않아요. 2020년 세계 해양 온도가 역사상 가장 높은 온도를 경신했다고 합니다. 이는 바닷속 상황을 알리는 절박한 SOS 신호입니다. 지금 바다에 무슨 일이 일어난 걸까요?

지구온난화로 극지방의 빙하가 녹아 해수면이 점점 높아지고 있다는 사실은 익히 들어 알 겁니다. 땅이 서서히 물에 잠기고 있어 전 국민이 난민이 될 처지에 놓인 태평양 섬나라 이야기도 낯설지 않지요.

해양 온도가 오르면 빙하가 녹아 바닷물의 양이 늘어나는 것은 물론 바닷물의 부피도 증가합니다. 그것이 해수면 상승으로 이어지고요. 우리나라 해양수산부의 발표에 따르면 지금과 같이 온실가스를 배출할 경우 2100년경 한반도 주변 해수면이 73cm 더 높아진다고 하니, 남의 나라 이야기만은 아닙니다.[24]

녹아내리는 빙하가 해수면만 높이는 것은 아닙니다. 바다의 운동에도 영향을 미쳐요. 우리 눈에 보이지는 않지만, 바다는 표면 온도와 염분의 농도에 따라 쉬지 않고 운동을 하고 있어요. 바닷

1958~2020년 해양 열 함량 변화

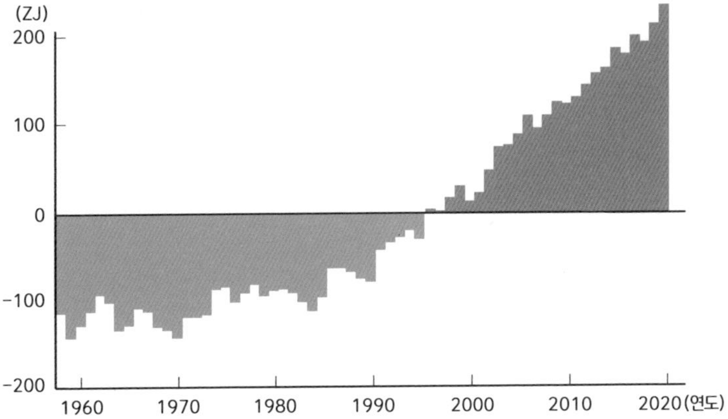

* 자료: Cheng, L. et al. "Upper Ocean Temperatures Hit Record High in 2020", Adv. Atmos. Sci. 38(4), 2021.

* 세계 해양 상층부 2,000m의 열 함량이며, 기준선은 1981~2010년 기간의 평균온도이고, 붉은 부분은 이보다 더 많은 열을, 파란 부분은 더 적은 열을 나타낸다.

물은 수온이 낮을수록, 그리고 염분 농도가 높을수록 밀도가 높아집니다. 따뜻한 물은 밀도가 낮아 바다 표면에 남고, 차갑고 짠 물은 밀도가 높아 바다 밑으로 가라앉지요. 그러면서 자연스레 아래 있던 바닷물을 옆으로 밀어내며 심층 해류를 형성합니다.

그린란드가 있는 북대서양에서 이런 현상이 잘 나타납니다. 가라앉은 북대서양의 바닷물은 아메리카 대륙을 따라 남극으로, 남극을 돌아 태평양으로 약 1,500년에서 2,000년이 걸리는 순환을 합니다.[25] 이를 해양학자들은 대양 대순환 해류(Oceanic Conbeyor Belt)라고 부릅니다. 바다는 이렇게 아주 긴 여행을 하면서 더운 곳은 열을 식혀 주고 추운 곳에는 열을 나눠 주며 지구의 열 균형을 맞추어요. 그러면서 바닷속에는 신선한 산소와 영양성분을 전달합니다. 지구의 거대한 온도 관리자라고 할 수 있지요.

그런데 20세기 들어 북대서양의 해류 속도가 약 15%나 느려졌다고 해요.[26] 빙하가 급격한 속도로 녹으면서 주변 바다의 염도가 낮아져 바닷물의 수직 운동이 충분히 이루어지지 못한 탓이지요. 지구 곳곳의 온도를 조절해 주는 해류의 역할이 제대로 이뤄지지 않으면 추운 곳은 더욱 추워지고 더운 곳은 극심하게 더워져 사람이 살기 힘든 지역이 늘어날 겁니다. 해양 생태계에도 큰 변화를 가져올 수밖에 없겠지요.

약 1만 3,000년 전, 지구는 1,200여 년간 빙하기를 겪었습니다. 이 시기를 영거 드라이아스(Younger Dryas)라고 부르는데, 과학자들은 대양 대순환 해류가 멈추면서 빙하기가 온 것이 아닌가 생각한다고 해요.[27] 현재는 바다의 긴 여행이 완전히 멈출 가능성은 희박하다고 합니다. 하지만 지금 바다는 브레이크를 밟으며 인간에게 "더 늦기 전에 당신들도 브레이크를 밟으시오!"라고 마지막 경고장을 보내는 것일지도 모릅니다.

금태가 된 산태

2020년 1인당 수산물 소비량 세계 1위는 다름 아닌 한국이었습니다. 삼면이 바다로 둘러싸여 있는 만큼 한국인에게 해산물은 아주 보편적인 식재료입니다. 그중 생태, 동태, 황태, 먹태, 북어, 코다리, 노가리 등으로 불리는 명태는 우리나라에서 1년에 25만t이 소비될 정도로 큰 사랑을 받고 있습니다. 가히 한국의 '국민 생선'이라 할 수 있습니다.

과거엔 산더미처럼 많이 잡힌다고 해서 산태로 불렸던 명태. 최근에는 찾아보기 힘든 귀한 어종이 돼 금태라고 불립니다. 1981년 연간 10만t에 달했던 국내 명태 어획량이 점점 감소하더니 2004년 이후로는 100t을 넘기지 못했어요. 급기야 2008년엔 '0t'을 기록했으니[28] 이름이 바뀔 만도 하지요. 우리가 요즘 소비하는 명태는 대부분 러시아나 일본 수역에서 잡아 오거나 수입한 것들입니다. 명태는 왜 우리 바다에서 사라지고 있을까요?

명태가 이렇게 귀한 존재가 된 것은 우선 지나치게 잡아들이는 '남획' 때문입니다. 1971년 정부가 명태 새끼인 노가리의 어획을 허용하면서 1980년대 초반까지 전체 어획량의 70%가 노가리였습니다.[29] 명태의 씨를 말린 셈이에요.

그나마 남획은 관련 보호법을 제정하고 강력하게 관리한다면 해결할 수 있습니다. 하지만 지구온난화로 인해 바뀐 어류 지도가 원인이라면 이야기가 다릅니다. 명태는 수온에 민감하며 찬물을 좋아합니다. 그런데 북쪽에서 내려오는 한류가 더 이상 동해까지 이르지 못하면서 명태가 자취를 감췄습니다.

우리나라 해역의 표층 수온은 1968년 이후 2018년까지 1.23℃ 상승했다고 해요. 같은 기간 전 세계 표층 수온 상승은 0.49℃라고 하니 세계 평균보다 2.5배 이상 빠르게 상승하고 있는 셈이지요.[30] 이미 우리나라 바다 전역에서 차가운 바닷물을 선호하는 미역, 다시마 같은 갈조류가 사라지고 따뜻한 바닷물을 선호하는 자잘한 홍조류가 늘어나는 아열대화가 감지되고 있습니다.

수온이 높아지면 기존에 살던 해양생물이 사라지는 것뿐 아니라 식중독을 일으키는 세균 활동이 왕성해지고 물고기의 질병이 늘어납니다. 물고기의 질병은 사람에게도 영향을 끼쳐요. 열대나 아열대 바다의 플랑크톤은 시구아톡신이라는 독을 생산하는데, 이 플랑크톤을 먹은 물고기를 상위 포식자인 인간이 먹을 경우 구토, 설사, 복통 등을 일으킬 수 있습니다. 게다가 장기간에 걸쳐 후유증이 남을 수 있다고 해요. 독성 플랑크톤은 2009년 제주 바다에서 처음 발견됐고 최근에는 남해안 일부 해역에서도 나타나고 있다고 합니다.[31]

숲이 사라지고 사막이 늘어가는 바다

산업혁명 이후 이산화탄소 배출량이 늘면서 바다는 감당할 수 있는 용량 이상으로 더 많은 이산화탄소를 흡수하고 있습니다. 대기 중 이산화탄소가 바닷물과 반응하면 수소이온(H^+)을 만드는데, 수소이온이 증가하면 바다의 산성도•가 높아집니다. 이런 현상을 해양 산성화라고 해요. 이 때문에 가재, 조개, 산호, 플랑크톤과 같이 단단한 껍데기가 필요한 해양생물들의 생존이 위협받고 있습니다. 이들의 껍데기는 사람 뼈와 같이 탄산칼슘으로 이뤄지는데, 바다가 산성화되면 단단한 껍데기를 만들 중요한 재료인 탄산칼슘을 충분히 얻지 못하기 때문이에요.

가재, 새우, 조개 등이 제대로 성장하기 어려워지니 번식에도 문제가 생깁니다. 껍데기가 단단하지 않으니 포식자로부터 공격받기도 더 쉬워질 테고요. 당장에는 포식자에게 유리할지 몰라도 장기적으로 보면 이들을 먹이로 하는 다른 물고기와 조류, 육상동물의 생존에 영향을 끼쳐 결국 생태계 균형이 무너질 수 있어요. 그럼에도 이런 상황이 계속되는 추세라 2050년까지 해양 산성도가 150%나 증가할 것으로 예상되고 있습니다.[32]

• 산성의 세기를 나타내는 정도. 수소이온농도지수(pH)로 나타내며, pH7 이하는 산성, pH7 이상은 알칼리성이라고 한다.

여러분은 바다숲을 본 적 있나요? 미역, 다시마 같은 해조류가 무성한 곳이 마치 울창한 숲처럼 보인다고 해 '바다숲'이라고 한답니다. 바다숲은 해양생물들의 먹이가 되기도 하고 서식처이자 안전한 산란장소를 제공하기도 하는 고마운 존재이지요. 또 바다숲을 이루는 해조류들은 광합성을 통해 이산화탄소를 흡수하고 산소를 내뿜는 중요한 역할을 한다고 하네요.

그런데 바다 생태계의 든든한 숲인 해조류가 사라지고 따뜻한 물에서 번성하는 석회조류가 하얗게 암반을 뒤덮는 '갯녹음 현상'이 세계 곳곳에서 번지고 있어요. 해조류가 사라지면 그 안에 기대어 살던 생물들의 개체수와 다양성이 감소해 결국 생태계 전반이 황폐해집니다. 그 모습이 사막과 같아 '바다 사막화'라고도 하지요.

우리나라 연안도 이미 갯녹음 현상이 많이 진행되었습니다. 2004년 첫 조사 때부터 2014년까지 매년 여의도 면적의 4배가 넘는 1,200ha씩 갯녹음이 일어나고 있다고 해요.[33] 우리나라 연안의 갯녹음 현상은 지역에 따라 다르지만 주된 원인은 연안 개발로 인한 시멘트 유입, 기후변화로 인한 수온 상승, 육지의 오염물질 유입 등입니다. 바다 사막화를 막기 위해 갯녹음이 발생한 해역에 인위적으로 해조류를 심는 바다숲 조성 사업 등 다양한 노력이 이뤄지고 있습니다.

기후변화로 수온이 따뜻해지고 움직임이 느려진 바다는 숲이 사라지고 사막이 늘어나는 현상이 점점 더 심해질 수 있습니다. 그런 바다는 더 이상 해양생물의 안식처가 되어 주지 못합니다. 해양생물이 살아갈 수 없는 바다라면 이미 지구의 훌륭한 온도 관리자 역할도 할 수 없는 상태겠지요.

지구를 위한 식탁

버려지는 음식을 구조하라!

우리나라에서 한 사람이 한 달간 버리는 음식물쓰레기의 양은 평균 약 8.3kg이 조금 넘습니다. 생활계 폐기물 중 음식물이 24.7%로 4분의 1을 차지할 정도로 많아요.[34] 2019년 기준이니 코로나19로 배달 음식 소비가 크게 늘어난 요즘은 그 양이 더 많을 것으로 예상합니다. 전 세계로 시야를 넓히면 상황은 더욱 심각합니다. 전 세계 쓰레기 가운데 44%가 음식물이니까요.[35] 생산된 식량의 3분의 1에 달하는 어마어마한 양이지요. 애초 버려지지 않았다면 기아에 시달리는 인구 8억 명이 먹고도 남았을 것입니다.

음식물쓰레기가 배출하는 온실가스도 상당합니다. 식량의 생산부터 소비에 이르는 과정에서 발생하는 온실가스 가운데 24%가 버려지는 식품에서 비롯하지요. 운송 과정에서 썩거나 가공 및 보관 방법이 잘못돼 폐기되는 음식이 15%, 낭비로 인해 버려지는 음식이 9%입니다. 이렇게 버려지는 식품으로 인한 온실가스는 전 세계 전체 온실가스 배출량의 6%에 해당합니다.[36] 하지만 현재 식량 생산 시스템은 버려질 양을 고려해 더 많은 양을 생산하고, 그에 따라 온실가스를 더 많이 배출하는 악순환에 빠져 있습니다.

이 악순환의 고리를 끊을 방법은 없을까요? 적당량을 조리해 최대한 음식물을 남기지 않도록 하는 개인적인 노력도 중요하지만, 상품성이 떨어지거나 팔리지 않은 식품을 그냥 폐기해버리는 시스템이 바뀌어야겠지요. 이 문제를 해결하기 위해 음식물 구조 활동을 펼치는 사람들이 있습니다.

2017년 독일의 환경운동가가 시작한 온라인 슈퍼마켓 '서플러스(Sirplus)'는 폐기 직전에 구조한 음식을 파는 '음식 재활용 마트'입니다. 먹기에는 전혀 문제가 없지만 너무 작거나 모양이 이상해 상품가치가 떨어져 폐기될 식품, 유통기한이 얼마 남지 않았거나 지났더라도 먹을 수 있는 식품을 각각 도매시장과 대형마트에서 받아 와 최대 70% 싼 가격에 판매합니다. 2019년부터는 주문당 0.25유로(약 340원)씩 모아 학교급식을 위해 기부하고 있는데 2022년 3월 기준 무려 26만 5,000인분이나 제공했다고 하네요.[37]

전 세계 쓰레기의 종류와 양

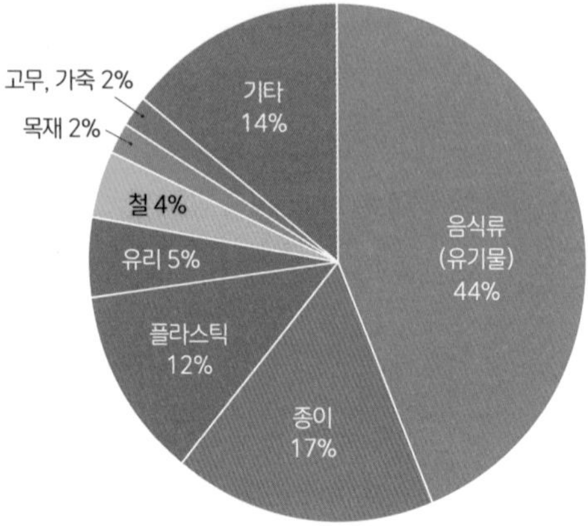

** 자료: 세계은행(2016)*

식당에서 팔다 남은 음식을 싸게 판매하는 '투굿투고(Too Good To Go)' 앱에는 유럽 14개국에서 8만 7,000개 이상의 식품업체가 참여하고 있습니다. 지금까지 7,000만 끼 이상, 약 3만t의 음식이 버려지는 걸 막았다고 해요.[38] 식재료를 훨씬 싼 가격에 얻을 수 있는 소비자도, 멀쩡한 식재료를 쓰레기로 버리지 않아도 되는 식당이나 마트도 이익이 되는 시스템이지요. 투굿투고는 버려지는 뷔페 음식을 어떻게 줄일까 하는 고민해서 시작했다고 합니다. 먹을 수 있는 음식이 버려지는 모습을 바라만 보지 않고 적극적인 해결책을 찾아낸 훌륭한 사례입니다.

우리나라에도 상품으로 인정받지 못해 버려지는 음식을 구조하는 농산물 마켓 '어글리어스(Uglyus)'가 있습니다. 영양도 맛도 똑같지만 멍이 들거나 크기가 작거나 커 시장에 판매되지 못했던 일명 '못난이 농산물'을 20~30% 저렴한 비용으로 정기배송 받는 서비스입니다. 게다가 모든 채소가 무농약, 유기농 인증을 받은 제철 친환경 채소라니, 서비스 이용으로 환경과 건강을 함께 챙길 수 있겠네요.[39]

푸드마일리지를 줄이자!

수송 체계가 잘 발달한 요즘은 마음만 먹으면 구하지 못할 식재료가 없지요. 냉장고 속 먹거리의 생산지를 확인하다 보면 세계지도를 그릴 수도 있을 정도입니다. 비행기를 타면 항공 마일리지가 쌓이듯 지구 곳곳에서 생산한 먹거리가 내 접시 위에 올라오기까지 먼 여행을 하며 쌓인 거리를 푸드마일리지라고 합니다. 푸드마일리지는 수송량과 거리를 곱하여 계산합니다. 예를 들어 바나나 3t을 생산지로부터 4,000km 떨어진 곳에서 수입할 경우 푸드마일리지는 3t×4,000km로 12,000t·km가 됩니다. 항공, 선박 등 거대한 운송수단을 이용하는 만큼 이동 과정에서 온실가스도 많이 배출하게 됩니다. 게다가 운송되는 동안 신선도를 유지하기 위해 방

부제와 화학약품을 많이 사용하겠지요.

한국인 1인당 푸드마일리지는 7,085t·km로 일본(5,484t·km/인), 영국(2,337t·km/인)과 비교해도 그 수치가 매우 높습니다.[40] 프랑스의 1인당 푸드마일리지(739t·km)와 비교하면 무려 10배 가까이 되고요. 이는 한국이 해외로부터 많은 먹거리를 수입하고 있다는 의미로, 한국의 식량자급률이 그만큼 낮다는 사실을 말해 줍니다.

2019년 기준 국내 식량자급률은 45.8%이고, 사료용 곡물을 포함한 곡물자급률은 21%인데요. 쌀을 제외하면 자급률이 각각 13%와 4.7%로 심각하게 낮은 상황이에요. 빵과 파스타 등이 대중화되면서 밀 소비가 가파르게 늘고 있지만 국내 밀 자급률은 0.7%에 불과합니다.[41]

만약 갑작스럽게 밀 수입이 어려워지거나 국제적으로 밀 가격이 오른다면 큰 영향을 받을 수밖에 없습니다. 실제로 코로나19로 바닷길과 하늘길이 막히고 세계 각국이 자국의 식량안보●를 위해 주요 품목의 수출을 금지하면서 우리나라가 큰 타격을 입기도 했습니다. 이 문제를 해결하려면 수요가 많고 필수적인 식량을 국내

● 세계식량정상회의에 따르면 '모든 사람이 언제든지 물리적·사회적·경제적으로 충분하고 안전하며 영양가 높은 식품에 접근함으로써 활동적이고 건강한 삶을 영위하기 위해 필요한 음식의 선호를 충족할 수 있는 상태'를 말한다.

가지
단호박

에서 생산하며 자급률을 높여야겠지요?

가까운 지역에서 생산한 먹거리를 '로컬푸드'라고 합니다. 먼 거리를 이동하지 않으니 유통과정에서 발생하는 온실가스 배출도 줄일 수 있습니다. 식량안보도 획득하고 온실가스 배출도 줄일 수 있다니 일거양득이네요. 하지만 이동 거리가 짧다고 해서 반드시 온실가스 배출량이 적은 것은 아닙니다. 일명 '철 없는 과일'처럼 제철이 아닌 작물들은 비닐하우스에서 석유 난방으로 온도를 맞춰 주기 때문에 탄소 배출량이 늘어납니다. 그리고 가까운 곳에서 얻었다 해도 그것이 육류라면 지구 반대편에서 온 과일보다 훨씬 많은 온실가스를 배출한다는 사실도 명심해야겠지요. 생산지와의 거리 말고도 고려할 것이 참 많습니다. 가장 좋은 방법은 내가 사는 지역에서 난 제철음식을 먹는 것일 거예요.

식탁에서 시작되는 변화

노르웨이 비영리단체 이에이티(EAT)에서 2020년에 발행한 '더 나은 미래를 위한 식습관' 보고서에 따르면 전 세계가 현재 미국의 식습관대로 음식을 소비한다면 2050년에는 해당 분량의 음식을 생산하기 위해 지구가 5.5개 필요하다고 합니다. 전 세계가 현재 한국인처럼 먹으면 지구가 2.3개 필요하고요.[42] 이 보고서에서 인상 깊었던 것은 G20•에 속한 나라들의 식단 변화가 전 세계 식량 문제와도 연관된다고 지적한 대목입니다. 아직 식량 공급이 불안정한 국가에서 식품 생산량을 더 늘리려면 온실가스 배출량이 증가할 수밖에 없는데, 이를 해결하기 위해서는 G20 국가들이 그만큼 배출량을 줄여야 한다는 겁니다.[43] 단지 수치상의 온실가스 배출량에 주목하는 것이 아닌, 거대 식량 소비국으로서 져야 할 책임을 강조한 것이죠.

먹거리에 의한 온실가스 배출량을 줄이는 첫걸음은 식단을 바꾸는 것입니다. 그 첫 번째가 고기 소비를 줄이는 것이에요. 옥스퍼드대학의 연구에 따르면 고기와 유제품을 끊는 것만으로도 개인의 탄소발자국을 73%까지 줄일 수 있다고 해요. 또한 이 연구를 이끈 조지프 푸어 교수는 비건 식사가 개인이 할 수 있는 가장 큰 실천이며, 비행기를 타지 않거나 전기차를 사는 것보다도 효과가 훨씬 크다고 말합니다.

이러한 흐름에 맞춰 최근 단체급식 제도에도 변화가 일고 있어요. 한국에서는 2021년부터 군대 내 채식주의자와 무슬림 병사에 한해 '고기 없는 식단'을 제공하기 시작했습니다. 미군은 샐러

• 세계 경제를 이끄는 주요 선진국 7개국(G7)에 12개의 신흥국 및 유럽연합(EU)을 더한 20개 국가의 모임.

드 바를 운영해 채식을 하는 데 문제가 전혀 없고, 핀란드와 이스라엘군은 아예 채식 메뉴만 제공한다고 하네요. 이에 비하면 한국 군대의 변화는 아직 미미합니다만 채식을 선택할 수 있는 날이 조만간 올 것이라 기대해 봅니다.

서울시교육청은 기후위기에 대응하기 위해 '2021 SOS! 그린 급식 활성화 기본 계획'을 수립해 한 달에 두 차례 채식 급식을 합니다. 건강 문제로, 또는 기후위기를 인식하고 채식을 선택하는 청소년이 늘고 있는 상황, 그리고 육식 위주인 급식이 신념에 따라 채식을 할 수 없는 학생들의 인권을 침해할 요소가 있다는 문제의식이 이러한 변화에 한몫했다고 해요.

완두콩, 감자, 쌀 등으로 육류와 비슷한 모양과 식감을 낸 대체육 시장도 가파르게 성장하고 있습니다. 맥도날드는 2021년 11월부터 미국 주요 8개 지역에서 식물성 고기로 만든 버거를 판매하기 시작했어요. 한국무역협회는 2030년경에는 대체육이 전 세계 육류 시장의 30%를, 2040년에는 60% 이상을 차지할 것으로 전망합니다.[44] 기술이 발전하면서 대체육의 맛과 식감이 좋아진 덕분이기도 하지만, 건강과 환경을 생각하며 육식을 조금씩 줄여 가고자 하는 소비자들의 호응이 무엇보다 큰 성장동력이지요.

04

이제는 자동차, 비행기와 거리를 둘 때

우리나라 도로를 모두 이으면 그 길이가 11만 1,314km로,
지구 2.7바퀴를 돌 수 있는 길이다.

2021년 10월, COP26이 열린 스코틀랜드 글래스고에 400대의 전용기가 떴습니다. 각 국가의 대통령과 정치인들, 글로벌 기업의 대표들을 태우기 위한 전용 비행기였습니다. 그렇게 모인 전용기 400대가 배출한 온실가스는 무려 1만 3,000t으로 영국인 1,600명이 1년 동안 배출하는 양과 맞먹는 수준이라고 합니다.[1] 온실가스 배출량을 줄이는 방안을 논하는 자리인 만큼 다른 선택을 할 수는 없었는지 아쉬움이 남습니다.

이제 우리의 일상에서도 다른 선택이 필요합니다. 등하교나 출퇴근을 할 때, 국내나 해외로 여행할 때 우리는 자동차, 버스, 기차, 비행기, 배를 이용합니다. 이러한 교통수단을 이용할 때마다 온실가스가 발생하지요. 사람의 이동만이 아닙니다. 우리가 구매하는 물건도 국가 내에서든 국가 간에서든 모두 교통수단을 통해 이동합니다. 교통은 우리의 생활에 필수적인 수단이지만 탄소중립으로 나아가려면 좀 더 깊은 고민이 필요합니다. 지속가능한 여행과 이동을 위한 해결책을 찾으려면 말이에요.

도로 위의 온실가스

길어지는 도로, 증가하는 온실가스

2020년 우리나라의 교통 부문 온실가스 배출량이 전년도 대비 4.1% 감소했다고 합니다. 양으로 치면 410만t을 덜 배출한 거예요. 온실가스종합정보센터는 코로나19로 인해 여행과 이동이 자제되거나 제한되었고, 전기차와 수소차 등 저공해차가 늘어나면서 배출량이 줄었다고 분석했습니다.[2] 하지만 이는 일시적인 감소일 뿐 일상이 이전 수준으로 회복되면 다시 빠르게 증가할 수 있어요. 코로나19 이전까지는 계속해서 증가하는 추세였거든요.

2018년 교통 부문의 온실가스 배출량은 1990년에 비해 약 2.8배 증가했습니다.[3] 점점 더 많은 사람이 자동차를 보유하게 되었고 화물 운송이 늘었으며, 도로 시스템도 그에 맞춰 많아지고 넓어진 결과입니다. 국토교통부에 따르면 우리나라의 자동차 수는 1990년 339만 대에서 2018년 2,320만 대로 약 6.8배 증가했어요.[4] 또한 2010년부터 2019년까지 10년 사이에 도로가 약 6,000km 연장되었고 교통량도 약 3,000대 늘어났습니다.[5] 이렇게 꾸준히 늘고 있는 우리나라의 도로는 그 길이가 11만 1,314km로, 지구 2.7바퀴에 해당한다고 해요.[6] 민간항공 부문의 온실가스 배출량도 2009년부터 연평균 6% 꾸준히 증가해 왔고,[7] 코로나19의 영향이 없었다면 계속 증가했을 것입니다.

2018년 교통 부문의 온실가스 배출량은 우리나라 온실가스 배출량의 약 14%를 차지합니다. 교통 부문은 도로·철도·해운·항공으로 분류하는데, 이 중 도로 부문의 배출량이 94%로 대부분을 차지하고 있습니다.[8] 도로 위를 달리는 승용차, 화물차 등이 여전히 석유와 같은 화석연료를 사용하는 경우가 많기 때문이에요. 전기차 등 친환경 자동차의 비중이 꾸준히 늘고 있지만, 전체 자동차에서 차지하는 비중은 2019년 기준으로 2.9%에 그치고 있습니다.[9] 따라서 교통 부문의 온실가스 배출량을 감축하려면 도로 부문에서 배출량을 줄일 방법을 찾아 적극 실천에 옮기는 것이 중요합니다.

교통 부문 분야별 온실가스 배출량 추이

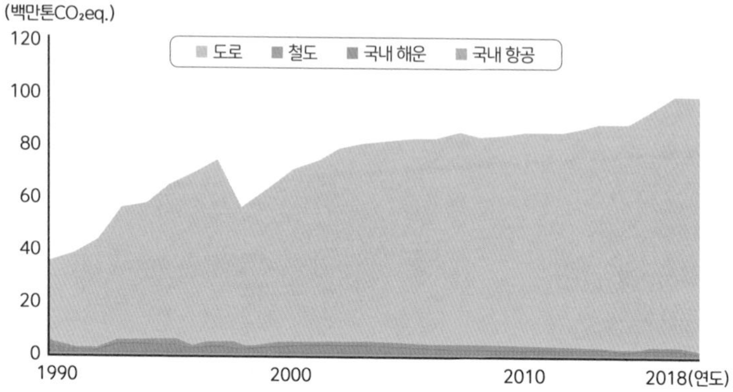

* 자료: 탄소중립위원회(2021)

집집이 자동차가 있는 사회

도로 부문에서 온실가스 배출을 가장 많이 하는 것이 무엇인지 좀 더 자세히 살펴볼까요? 차종별로 보면 승용차•가 도로 부문 전체 배출량에서 차지하는 비중이 51%로 절반을 넘어섰습니다. 화물차가 34%로 두 번째로 많고, 승합차는 10%, 특수차는 5%로 그 뒤를 이었습니다.(2019년 기준)[10] 석유로 가는 자가용 승용차가 도로 부문 온실가스 배출의 주범이라 해도 무방하겠어요.

• 자동차관리법 제3조에 따르면 승용차는 10인 이하, 승합차는 11인 이상을 운송하기에 적합한 자동차를 가리킨다.

우리에겐 자동차와 함께하는 생활이 너무 익숙합니다. 이동수단을 생각하면 자연스럽게 자동차가 떠오르고, 자동차로 가득 찬 도로의 풍경도 낯설지 않죠. 2019년 기준 2.1명당 자동차 1대를 보유하고 있다니[11] 우리 도시가 자동차로 가득 찬 것도 이상한 일은 아니지요. 그런데 정말로 이게 당연한 걸까요?

알고 보면 우리가 사는 도시는 사람보다는 자동차에 적합하게 만들어져 왔습니다.[12] 자동차가 늘어나는 추세에 맞추어 도로를 깔고, 고속도로가 도시와 도시, 도시와 농촌을 연결합니다. 교통체증이 심해지면 도로를 더 깔고 주차장을 늘리지요. 이렇게 도시를 개발한 결과는 어떨까요?

사람보다 자동차를 더 우선할 때 일어나는 대표적인 문제가 교통사고입니다. 2020년 한 해 동안 우리나라에서 발생한 교통사고는 약 21만 건에 달합니다.[13] 교통사고로 2018년부터 2020년까지 해마다 3,000여 명이 사망했는데, 사망자 10명 중 4명이 보행자였어요. 사망한 보행자의 절반 이상이 교통약자인 65세 이상 노인이라고 합니다.[14] 또 자동차에서 나오는 배기가스는 미세먼지와 같은 대기오염을 발생시켜 우리의 건강을 위협하기도 하지요. 자동차로 우리의 삶이 편리해진 것이 맞을까요? 자동차가 우리 삶에 기본 값인 게 당연한 일인지, 집집마다 자동차가 꼭 있어야만 하는지 생각해 봐야 합니다.

한편 코로나19 발생 이후 자동차 판매가 크게 늘었습니다. 특히 '크고 비싼 차'가 인기 있었다고 하는데요.[15] 사람들이 코로나19 팬데믹으로 여가생활이 어려워지면서 내부가 넓은 차량을 원했고, 코로나19에 대한 '보복 소비' 심리 때문이라는 분석도 있습니다. 그런데 자동차가 클수록 온실가스는 더 많이 배출돼요. 코로나19로 일상이 잠깐 멈추면서 지구 생태계에 큰 영향을 미치는 우리의 생활을 돌아볼 시간이 주어졌지만, 실질적 변화로 이어지지는 못한 것 같아요.

최근에는 카 푸어(car poor)라는 용어가 화제가 되기도 했어요.[16] 카 푸어는 본인의 경제력에 비해 비싼 차를 구매해 생계에 어려움을 겪는 사람을 가리킵니다. 자동차는 분명 편리한 이동수단이지만, 애초의 목적을 넘어 사치품이 되어 버린다면 그게 과연 올바른 모습일까요? 더 크고 비싼 최신 차를 사려는 과시적인 소비문화를 돌아봐야 합니다.

도로 위를 채우는 자동차 가운데 화물차의 비중이 승용차 못지않게 큰데요. 승용차가 사람을 이동시켜 준다면 화물차는 우리가 사용할 물건들을 전달해 줍니다. 2020년 국내 총 택배 물량이 33억 7,373만 개를 기록했다고 합니다. 2019년보다 20% 이상 늘어난 양인데,[17] 코로나19로 비대면 소비가 빠르게 증가했기 때문이에요. 코로나19로 사람의 이동이 제한된 대신 물건의 이동이 증가한

국내 택배 시장 물동량 추이

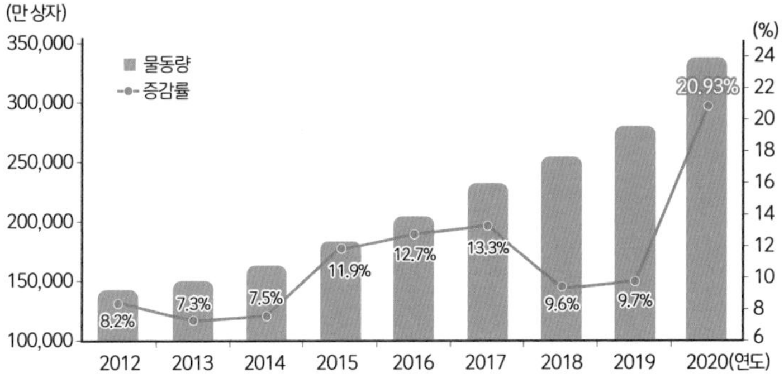

** 자료: 한국통합물류협회*

것이죠. 유통 분야의 온실가스도 도로 부문의 탄소중립을 이뤄 갈 때 중요한 문제입니다. 이에 대해서는 뒤에서 더 자세히 알아보도록 해요.

전기차로 바꾸면 되나요?

교통 부문의 온실가스 배출량을 줄일 대안으로 전기차와 수소차 등 친환경 자동차가 떠오르고 있습니다. 유럽의 주요 국가들은 이미 화석연료 차량 판매를 중단하고 있어요. 노르웨이와 네덜란드는 2025년부터 화석연료 차량 판매를 금지하기로 했습니다. 영국은 기존 발표보다 5년을 앞당겨 2030년부터 화석연료 신차 판매를 금지했고, 프랑스는 2040년부터 화석연료 차량의 생산과 판매를 금지하기로 했습니다. 아시아의 중국 또한 2035년부터 화석연료 차량의 생산·판매 금지를 결정했고요. 우리나라도 2050년 무공해차 100% 전환을 위한 비전을 제시하면서, 향후 15~20년 이내에 화석연료 차량의 판매를 금지할 계획입니다.

그렇지만 전기차로 바꾼다고 바로 온실가스 배출량이 줄어드는 것은 아닙니다. 현재 시점에서 휘발유를 연료로 하는 자동차는 1km당 202g의 온실가스를 발생시키지만, 전기차는 108g을 배출한다고 해요.[18] 휘발유 차량보다 전기차가 온실가스를 덜 배출하기는 하지만 온실가스를 전혀 배출하지 않는 것은 아닙니다. 그리고 전기차 배터리를 충전할 때 석탄발전소에서 생산한 전기를 사용한다면 휘발유 차량보다 더 많은 온실가스를 발생시킬 수도 있어요. 온실가스를 발생시키지 않는 재생에너지로만 전기를 생산해야 진정한 친환경 자동차가 될 수 있겠지요.

전기차를 만드는 과정도 문제입니다. 전기차를 움직이는 동력이 될 배터리를 제조하려면 코발트와 리튬, 희토류 같은 자원이 있어야 합니다. 전 세계 코발트의 70%가 콩고민주공화국에서 생산되는데, 아동노동 착취와 환경오염이 심각합니다. 최소 2만 2,000명의 아이들이 광산에서 일하는데, 통로와 구덩이에서 치명적 사고가 흔히 발생한다고 합니다. 대규모 광산은 생태계에도 큰

피해를 주고 있고요.[19]

리튬은 호주와 아르헨티나, 볼리비아, 칠레 등에서 채굴되는데 그 과정에서 지하수를 너무 많이 사용해 문제가 되고 있습니다. 지하수가 점점 부족해지고 정화되지 않은 폐수가 그대로 버려지면서 지역의 자연과 환경에 나쁜 영향을 끼치는 것이지요. 또 전기차는 생산 과정에서 석유 자동차보다 물을 50%나 더 쓴다고 합니다.[20]

이에 자동차 기업들은 친환경 자동차를 개발하는 것과 더불어, 생산 과정에서 온실가스 배출을 줄여 줄 시설을 만들기 위해 노력하고 있습니다. 원자재 공급과 생산, 폐기물 재활용 등 자동차의 탄생부터 죽음까지 전 생애가 친환경으로 바뀌어야 진정한 탄소중립을 실현할 수 있기 때문이에요.

스웨덴 자동차 기업 볼보의 토슬란다 공장은 브랜드 자동차 제조시설 중 최초로 탄소중립을 달성했습니다. 또한 볼보는 2025년까지 탄소중립 제조 공정을 완성하고 전체 차량 모델을 모두 전기차로 교체하기로 했어요. 독일의 폭스바겐그룹은 2020년부터 전 세계 공장 중 11곳을 재생에너지로 생산한 전기로 가동하고 있습니다. 우리나라의 현대차도 2045년까지 탄소중립을 실현하겠다고 발표했고요. 전기차가 생산부터 운행, 폐기까지 온실가스를 전혀 배출하지 않는 친환경 교통 대안이 될 수 있을지 잘 지켜봐야 할 것입니다.

지속가능한 여행과 이동을 위한 선택

비행기를 타는 건 부끄러운 일?

환경운동가 그레타 툰베리는 2019년 9월, 유엔사무총장의 초대로 미국 뉴욕에서 열린 유엔 기후행동 정상회의에 참석했습니다. 스웨덴에서 미국으로 가는 긴 여정이었지요. 그런데 툰베리는 이때 태양광으로 움직이는 요트를 타고 대서양을 건넜습니다. 온실가스를 많이 배출하는 비행기를 타지 않기 위해서였어요. 그는 영국 서남부의 항구도시 플리머스에서 출발해 4,800km에 이르는 거리를 15일간 항해한 끝에 뉴욕에 도착했습니다.

스웨덴에서는 비행기 대신 기차 등 다른 운송수단을 이용하려는 운동이 활발합니다. 이 운동을 가리키는 말인 플뤼그스캄

➧ 뉴욕 항구에 들어서는 그레타 툰베리의 태양광 요트

(Flygskam)은 영어로 플라이트 셰임(flight shame), 즉 비행기를 타는 것을 부끄럽게 여기자는 뜻입니다. 비행기가 환경에 미치는 영향을 똑바로 인식하고, 불필요한 해외여행은 자제하며, 다른 교통수단을 사용할 수 있을 때는 그것을 이용하자는 운동입니다.

최근엔 각국 정부가 나서 항공기 이용을 줄이는 정책을 추진하고 있기도 합니다. 스웨덴은 자국에서 세 번째로 큰 공항인 스톡홀름의 브롬마 공항을 폐쇄하기로 결정했습니다. 시내에서 가까운 브롬마 공항은 국내선과 단거리 여객기가 주로 취항하던 곳입니다. 2021년 프랑스는 열차로 2시간 30분 내에 이동할 수 있는 거리는 국내선 항공 운영을 금지하는 법을 만들었습니다. 이 법안은 2030년까지 온실가스 배출량을 1990년 대비 40%까지 줄이려는 목표 아래 만들어졌어요. 오스트리아는 350km 미만 거리의 항공권에 30유로(약 4만 원)의 세금을 부과하기로 했습니다.

그런데 우리나라에서는 코로나19로 해외여행이 어려워지자 몇몇 항공사에서 무착륙 관광 비행을 시작했습니다. 정부도 2021년 들어 무착륙 비행을 '확대'하고 있고요. 코로나19 때문에 어려워진 항공업계를 지원한다는 취지라지만 기후위기로 세계적인 항공 정책이 변화하고 있는 흐름과 정부의 탄소중립 대응 방향에 역행하는 것이라는 비판이 여기저기서 나왔지요. 게다가 정부는 부산 가덕도와 제주도에 신공항을 건설하려 하고 있고, 기존 15개 공항에다 10개를 더 짓겠다고 합니다.[21] 앞서 언급한 국가들의 행보와는 거꾸로 가고 있는 셈이지요.

이제는 지속가능한 여행을 고민할 때

항공업계에서도 친환경 비행기를 만들기 위해 노력 중입니다. 항공업계는 식물성 기름을 쓰면 항공기의 온실가스 배출량을 많게는 80% 줄일 수 있다고 내다봤어요.[22] 옥수수 등 식물에서 추출한 바이오연료를 혼합해 만든 바이오 항공유가 대표적인 지속가능항공연료(SAF, sustainable aviation fuel)입니다. 2021년 12월 미국 유나이티

드항공은 100% 지속가능항공연료를 사용해 최초로 여객기 운항에 성공했습니다. 국제항공운송협회(IATA)는 2030년까지 지속가능항공연료 비중을 5.2%로 높인다는 목표를 잡았습니다.[23] 국제항공운송협회에 속한 항공사가 전 세계 항공교통의 82%를 차지하니 변화를 기대해 봐도 좋겠지요.

전기와 수소로 운행하는 비행기도 만들어지고 있습니다. 2021년 9월 엔진 제작사 롤스로이스는 영국 보스콤다운 공군기지에서 전기 비행기의 15분 시험비행에 성공했어요. 항공업계는 2~3년 안에 단거리 운항용 전기 비행기가 상용화될 수 있을 것으로 보고 있습니다.

그런데 이런 기술이 개발되기만 하면 예전처럼 마음껏 비행기를 타도 될까요? 앞서 전기자동차의 예에서 살펴봤듯 재생에너지로 연료가 대체된다 해도 여전히 온실가스는 배출될 거예요. 바이오연료도 대규모로 산림을 파괴하는 등 지속가능하지 않은 방식으로 만들어지면 환경에 부정적 영향을 끼치는 것이고요. 그러므로 기술 개발보다 더 중요하고 효과적인 것은 절대적 이동량을 줄이는 것이에요.

오늘날 관광산업은 전 세계 온실가스 배출량의 8%를 차지한다고 합니다.[24] 경제성장을 이룬 국가가 많아지면서 해외여행을 하고 싶어 하는 인구도 늘고 있습니다. 2019년 전 세계적으로 국제항공편 승객은 14억 명이나 되었다고 해요. 전 세계 인구의 약 20%가 해외로 움직였다는 뜻이지요.[25]

우리나라도 해외여행이 일상화되면서 해외로 출국하는 사람이 늘었습니다. 2005년 비행기를 타고 해외로 나간 사람은 1,500만 명이었는데, 코로나19 이전 해인 2019년에는 4,500만 명으로 15년 사이 3배나 많아졌다고 해요.[26] 한 사람이 여러 번 출국한 경우, 외국인인 경우, 여행 목적이 아닌 경우도 포함되었겠지만 그만큼 국가 간 이동이 늘어났다고 볼 수 있습니다.

코로나19로 국가 간 이동이 제한되면서 우리는 여행이 일상화된 생활양식을 되돌아보게 되었습니다. 물론 국가 간 교류와 이동이 없을 수는 없습니다. 그렇지만 지금껏 우리가 편리하다는 이유로 익숙하게 해 왔던 해외여행과 출장이 정말로 필요한 것이었는지 되돌아볼 필요가 있어요.

유엔 산하기구인 세계관광기구(UNWTO)는 지속가능한 여행을 '현재와 미래의 경제적·사회적·환경적 영향에 책임지며, 여행자·산업·환경과 여행 지역 공동체의 요구를 해소하는 여행'이라고 정의합니다. 언뜻 봐도 참 어려운 말이고 힘든 과제입니다. 여행은 우리에게 새로운 경험을 안겨 주고, 휴식과 전환을 선사합니다. 몰랐던 세계를 만나 시야를 넓히는 기회가 되기도 하지요. 하지만 이 여행이 지구에 남기게 될 흔적도 함께 고민해 봐야 할 때입니다.

우리나라는 일본이나 중국, 러시아 등 일부 주변 국가를 배로 갈 수 있는 것 외에는 비행기 없는 해외여행은 생각하기 어렵습니다. 북한을 철도로 지나다닐 수 있게 되면 기차를 이용한 해외여행도 가능하겠지만, 현재로서는 불가능하지요. 이런 조건에서 우리가 할 수 있는 지속가능한 여행은 어떤 모습일지, 쉼과 기분 전환을 이룰 다른 방법은 무엇일지 상상해 보는 일이 필요합니다.

자동차와 비행기 대신 기차를 타자!

한 사람이 1km를 이동할 때 배출되는 온실가스를 비교하면 자동차, 비행기, 버스, 기차의 순서로 온실가스를 많이 배출합니다.[27] 승객 한 사람이 1km 이동할 때 철도의 온실가스 배출량은 승용차의 20% 수준입니다.[28] 따라서 혼자 타는 자동차를 대중교통인 버스와 전철, 기차로 전환하면 온실가스 배출량을 줄일 수 있어요. 서울에서 부산까지 승용차 28대가 움직일 때에 비해 28명이 1대의 고속버스를 사용하면 온실가스 배출량이 5분의 1로 줄어듭니다. 승용차 900대를 이용하는 대신 철도를 이용하면 10분의 1로 줄일 수 있고요.[29] 이런 이유로 승용차 대신 버스와 전철, 기차로 '교통 전환(modal shift)'을 하는 것이 기후위기 해결 방안으로 제시되고 있습니다.

2 km
50
IGH
VAY
80

철도를 이용하면 좋은 점은 또 있어요. 기차는 자동차보다 더 많은 사람을 한 번에 이동시킬 수 있고 더 안전합니다. 기차 사고의 경우 승용차 사고에 비해 승객이 사망하는 비율은 10분의 1, 다치는 비율은 4,000분의 1에 불과하다고 해요.(2019년 국내 여객 기준)[30] 더 많은 사람이 온실가스를 적게 배출하는 교통수단을 선택할 수 있도록 해야 합니다. 도시의 전철, 그리고 도시와 도시, 도시와 농촌을 연결하는 철도망을 갖추는 작업이 교통 부문의 최우선 과제인 이유지요.

철도는 화물운송 측면에서도 적극적으로 고려되어야 합니다. 앞에서 살펴본 것처럼 도로 부문 온실가스 배출량에서 화물차가 차지하는 비중은 승용차 다음으로 큽니다. 도로 중심의 화물운송 체계를 온실가스 배출이 적은 철도와 해운 중심으로 전환하면 교통 부문의 온실가스 배출을 줄일 수 있겠지요.

물론 이를 위해서는 생산과 소비부터 줄여야 합니다. 아무리 코로나19로 비대면 소비가 증가했다지만, 국내 택배 물량이 2015년 이후 매년 10% 내외로 빠르게 증가하고 있으니까요.[31] 해운을 통한 수입품 증가, 항공 배송을 통한 해외직구와 구매대행 급증 현상에 대해서도 고민해 봐야 합니다. 해외직구의 90%가 항공 배송을 통해 우리에게 온다고 해요.[32] 내가 비행기를 타지는 않지만 나 대신 화물이 온실가스를 내뿜으며 비행기를 타는 셈입니다.

탄소중립과 자동차 없는 도시

교통 부문에서 온실가스를 줄이려면?

탄소중립위원회의 〈2050 탄소중립 시나리오〉에서 교통 부문의 핵심 내용은 차량 대부분을 전기·수소차 등 온실가스를 배출하지 않는 무공해차로 전환하는 것입니다. 이에 따라 화석연료로 이동하는 자동차는 수명이 남아 있는 선에서 최소한만 운행하게 됩니다. 하지만 이것만으로는 부족합니다. 승용차 통행량 자체를 줄여야 해요. 이 시나리오에 따르면 2050년의 승용차 통행량을 2018년 대비 15% 감소시켜야 합니다.[33]

사람들이 승용차를 덜 타도록 하려면 승용차 이외에 다른 편리한 이동수단이 많아져야겠죠? 가장 먼저는 걷기 좋은 환경을 만들어야 합니다. 또 자전거를 안전하게 탈 수 있도록 자전거도로를 만들고 공공 자전거를 보급한다면, 가까운 거리를 자전거로 이동하는 사람이 늘어날 거예요.

또 버스와 전철, 기차, 자전거, 도보를 연결하는 서비스가 보다 활성화되어야 해요. 예를 들어 독일의 뮌헨시는 대중교통 정거장과 대여 자전거, 전기 자전거, 자동차 주차장과 전기차 충전소 등 다양한 교통수단을 한 장소에서 이용할 수 있는 복합 환승 정거장을 만들고 있습니다. 또 핀란드 헬싱키는 2018년부터 대여 자전거에서 택시와 지하철에 이르는 모든 대중교통을 연결하는 스마트폰 앱을 제공하고 있다고 하고요.[34]

무엇보다 중요한 건 '자동차를 위한 도시'가 아닌 '사람을 위한 도시'가 되는 겁니다. 자동차를 중심으로 구획된 도시 공간을 보행자 중심으로 바꿔야 해요. 자동차는 주행할 때 1인당 140m^2의 면적을 차지하는 반면, 자전거는 5m^2, 보행자는 2m^2 면적을 사용한다고 해요.[35] 자동차는 주차되었을 때도 20m^2의 면적을 차지합니다. 그 자리를 보행자도로, 자전거도로로 만든다면 어떨까요? 혹은 공원을 만들어 나무를 심는다면요? 녹지공간이 늘면 사람들에게 휴식공간이 되는 것은 물론 대기를 깨끗하게 하고 온실가스를 흡수하는 데에도 도움이 될 수 있지요.

자동차 없이도 연결되는 마을, 도시, 지역

앞서 살펴봤듯이 교통 부문에서 온실가스를 줄이려면 단지 친환경 교통수단을 개발하고 제조하는 데서 그치지 않고 우리가 살아가는 도시의 모습 자체를 바꾸는 것까지 나아가야 합니다. 이런 변화를 만들어 가는 도시가 세계적으로 늘고 있어요. 어떤 곳이 있는지 살펴볼까요?

노르웨이 수도 오슬로는 차량 진입이 금지된 도심지역을 점차 넓히며 '자동차 없는 도시'를 추진하고 있습니다. 2017년부터 2019년까지 약 700개의 주차공간을 없애고 거기에 자전거도로와 작은 공원, 쉼터를 만들었어요. 이탈리아의 밀라노, 독일 뮌헨 등은 자동차 운행속도를 30km로 제한하고 있습니다. 이런 속도제한이 있으면 자동차가 빠르고 편리한 교통수단이기는 어려울 테고 그런 까닭에 이용자도 줄게 될 거예요.

네덜란드는 1990년대 초부터 차량에 사치세 40%를 부과하고 연료소비세를 인상해 승용차 이용을 억제했고, 자전거 종합 계획을 세워 자전거 이용을 장려했습니다. 그 결과 네덜란드에서 자전거의 수송 분담률은 36%로 세계에서 가장 높습니다.[36] 반면 서울시의 교통수단별 수송 분담률은 지하철이 41.6%로 가장 높고, 승용차(24.5%), 버스(24%), 택시(5.7%)순입니다.[37] 우리나라 도시에서 자전거를 타는 것은 여전히 여가나 취미일 뿐 교통수단이 되지는

프랑스 파리의 15분 도시 개념

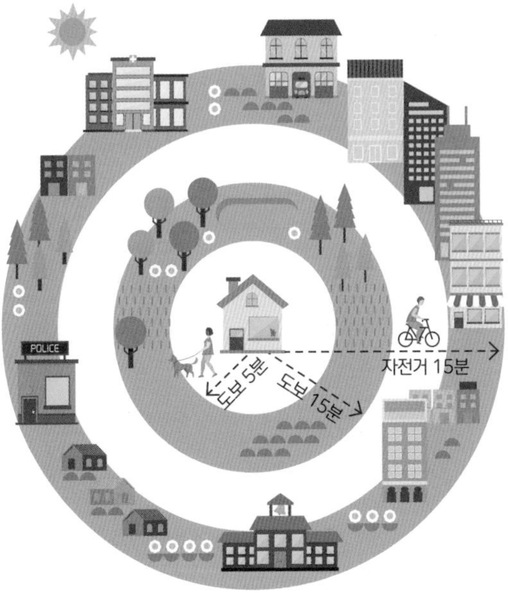

못하고 있습니다.

프랑스 수도 파리에서는 자동차 주차장을 자전거 정류장으로 바꾸고, 파리 시내의 모든 도로에 안전한 자전거전용도로를 설치하고 있습니다. 2024년까지 파리시의 모든 길을 자전거로 통행할 수 있도록 정비하고, 자전거 사용에 필요한 교육을 시행할 거라고 해요. 물류업계에도 운송수단을 트럭에서 자전거로 바꾸는 방안을 제시할 예정입니다.

파리는 또한 '15분 도시'를 만들어 가고 있습니다. 15분 도시란 도시의 모든 거주자가 학습, 노동, 치료, 여가, 쇼핑 등 모든 일상생활을 도보나 자전거로 15분 거리 내에서 해결할 수 있는 도시를 말합니다. 모든 길이 자전거로 통행이 가능하고 장애인의 이동이 자유로워 모두의 이동할 권리가 보장되는 도시이지요. 파리시 어디에 살든지 200m 이내에서 공원, 정원, 숲, 강 등 녹색 공간을 이용할 수 있게 만든다고 합니다.

어떤가요? 이렇게 되면 자동차 없이도 충분히 풍요로운 삶을 누릴 수 있지 않을까요? 우리에게 자동차가 꼭 필요한 이동수단이 된 건 자동차를 타는 것이 걷거나 자전거를 타는 것보다 편리하게끔 도시계획이 이뤄진 탓이 아닌지 생각해 보게 됩니다. 여러분은 어떤 도시에서 살고 싶은가요?

05

건물이 달라져야 지구를 살릴 수 있어요

도시는 지구 면적의 2%를 차지하지만 전 세계 에너지의
66%를 소비하고 전 세계 온실가스 배출량의 75%를 배출한다.

상공에서 지상을 내려다보면 도시에는 수많은 건물이 빼곡히 모여 있습니다. 밤이면 건물과 도로 가로등에서 나오는 불빛으로 지도가 그려질 정도이지요. 유엔에 따르면 오늘날 세계 인구의 55%가 도시지역에 거주하고 있는데, 그 면적은 지구 표면적의 2%에 불과하다고 합니다. 그리고 그 작은 공간에서 전 세계 에너지의 66%를 소비하고, 전 세계 온실가스 배출량의 75%를 배출하고 있다고 하네요.[1] 도시의 생활양식이 기후위기에 큰 영향을 미친다는 걸 명백하게 보여 줍니다.

기후위기를 막기 위해 도시의 변화가 필요한 시기인데요. 2020년 6월 5일, 전 세계 700여 개 도시가 '레이스 투 제로(Race to Zero)' 캠페인을 시작했습니다. '레이스 투 제로'는 도시, 자치구, 기업, 대학 등 다양한 주체들이 2050년까지 탄소중립을 이루는 것을 목표로 적극적 행동과 협력을 약속하는 국제 캠페인입니다. 뉴욕, 베를린, 홍콩 등 주요 도시는 물론 우리나라의 서울, 부산, 광주, 고양 등도 참여하고 있습니다. 2022년 1월 기준 1,076개 이상의 도시가 함께하고 있다고 하네요.

도시의 탄소중립을 위해서는 앞서 살펴본 교통, 먹거리 부문의 노력과 함께 건물의 온실가스 배출량 줄이기도 필수입니다. 어떤 방법이 있을까요? 수백만 명이 넘게 사는 거대도시도 탄소중립이 가능할까요?

기후위기 막는 똑똑한 건물

에너지 낭비를 막는 '패시브 하우스'

건물이라고 하면 가장 먼저 떠오르는 것이 '집'입니다. 집은 눈비와 바람, 더위와 추위로부터 인간의 건강과 생명을 지켜 주는 건물의 최소 단위라 할 수 있어요. 인간은 집에서 개인적 생활을 영위하고 학교, 식당, 공장, 사무실 등 다양한 형태의 건물에서 사회·경제적 활동을 하면서 살아갑니다. 이처럼 인간의 활동 배경에는 늘 건물이 있습니다. 그 안에서 우리는 끊임없이 에너지를 소비하고 온실가스를 배출해요. 건물을 운용하는 데서 배출되는 온실가스는 전 세계 배출량의 28%를 차지합니다.[2] 우리나라만 보면 건물 부문의 온실가스 배출량이 총 배출량의 21%를 차지해요.[3] 적지 않은 양입니다.

그럼 건물에서 발생하는 온실가스를 줄일 방법은 무엇일까요? 우선 가능한 한 에너지를 덜 쓰는 건물을 짓는 것이 중요합니다. 냉난방 이용을 최소화할 수 있게 여름에는 시원하고 겨울에는 따뜻한 건물을 짓는 것이지요. 이렇게 본래의 에너지를 최대한 보존해 외부 온도에 영향을 덜 받도록 지은 집을 패시브 하우스(passive house)라고 합니다.

패시브 하우스를 만들 때 가장 기본이 되는 요소는 단열입니다. 단열은 끊을 단(斷), 열 열(熱)이 합쳐진 단어로, 말 그대로 물체와 물체가 서로 열이 통하지 않도록 막는 것을 뜻합니다. 여러분은 추운 날에 옷을 어떻게 입나요? 찬 공기가 피부에 직접 닿지 않도록 긴 팔, 긴 바지는 물론 모자와 장갑도 착용하지요. 그리고 옷을 여러 개 겹쳐 입어 보온 효과를 높입니다. 집도 마찬가지예요. 벽이나 천장을 여러 겹으로 두껍게 하고, 외부의 찬 공기나 더운 공기가 실내로 들어오지 못하도록 빈틈없이 막으면 실내 온도를 일정하게 유지할 수 있어요.

단열만큼 중요한 것이 기밀(氣密)입니다. 표준대국어사전은 기밀을 "사방이 꽉 막혀 공기가 통하지 못하는 상태"라고 정의하는데, 간단히 말해 틈새로 들어오는 바람을 막는 일입니다. 현관문 틈새, 창 틈새, 전선 배관을 통한 틈새 등 우리의 생활공간에는 생각보다 많은 틈이 있어요. '이렇게 좁은 틈새에 바람이 들어와 봤자'라고 생각할 수 있지만, '바늘구멍으로 황소바람 들어온다'라는 속담이 있잖아요. 독일의 기밀 자재 생산 업체인 프로클리마(Pro Clima)가 1m² 벽체 중간에 1mm의 틈을 만들어 실험했더니 단열 성능이 무려 5배 가까이 떨어졌어요.[4] 단열을 아무리 두껍게 하더라도 작은 틈새까지 막아주는 기밀 시공이 함께 이뤄지지 않으면 아무 소용이 없는 겁니다.

이외에도 건물을 남향으로 지으면 겨울엔 일조량이 많아 따뜻하고, 여름에는 일조량이 적어 시원합니다. 또 창문 외부에 차양을 설치하면 한여름에 햇볕을 차단해 실내온도가 높아지는 것을 막을 수 있어요. 그리고 채광이 좋게 집을 지으면 조명기기 사용을 줄일 수 있겠지요. 이처럼 태양이 조건 없이 주는 빛과 열에너지를 알뜰하게 활용하는 것이 패시브 하우스의 전략입니다.

탄소중립을 위한 액티브 기술

건물의 단열 능력을 강화해 에너지소비를 줄이는 것을 패시브 기술이라 한다면, 건물 자체에서 에너지를 생산할 수 있도록 하는 것을 액티브 기술이라고 합니다. 앞서 소개한 것이 열이 들어오거나 빠져나가는 것을 방어하는 수동적(passive) 기술이라면, 액티브 기술은 직접 에너지를 만들어 내는 능동적(active) 기술이지요. 대표적 예는 지붕이나 마당에 설치하는 태양광발전기입니다. 가전제품, 조명 등에 사용할 전기를 태양의 빛 에너지로부터 만들어 내는 것이지요. 태양이 내뿜는 열을 모으고 저장해 건물의 냉난방과 급탕• 시설에 이용할 수도 있어요.

땅에서도 열에너지를 얻을 수 있습니다. 땅속 수 킬로미터 깊이의 온도는 사계절 내내 거의 변하지 않습니다. 그래서 여름에는 땅 위보다 시원하고 겨울에는 따뜻하지요. 지중 열 교환기 등을 설치하면 여름에는 땅속의 시원한 온도를, 겨울에는 따뜻한 온도를 활용해 냉난방에 사용할 수 있어요. 이러한 지열 시스템도 액티브 기술 중 하나랍니다. 또 바람의 힘을 이용한 풍력 발전으로도 전기를 생산할 수 있고요. 이처럼 태양, 바람, 땅과 같은 자연으로부터 에너지를 얻는 기술은 온실가스를 많이 배출하지 않고도 일상에 필요한 에너지를 생산할 수 있게 해 줍니다.

패시브 기술과 액티브 기술 두 가지가 만나면 외부(석탄발전소 등 온실가스를 배출하는 발전소)에서 생산된 전기를 끌어오지 않고 자체적으로 생산한 에너지만으로 충분히 운용되는 건물을 만들 수 있습니다. 이처럼 최소한의 에너지만을 필요로 하는 건축물에 신재생

• 빠른 시간 안에 물을 따뜻하게 데워 공급하는 것.

에너지 생산 기능을 더해 에너지자립률을 높인 건축물을 제로 에너지 건축물(ZEB, zero energy building)이라고 합니다.

에너지효율이 좋은 건축물, 제로 에너지 건축물을 확산하기 위해 우리나라에서는 두 가지 인증제도를 운영하고 있습니다. '건축물 에너지효율 등급 인증제도'와 '제로 에너지 건축물 인증 제도'예요. 2001년부터 시행되고 있는 '건축물 에너지효율 등급 인증 제도'는 난방, 냉방, 급탕, 조명, 환기 등에 드는 에너지사용량을 평가해 1+++등급부터 7등급까지 10개 등급으로 나누어 인증합니다. 건물의 에너지 성적표라고 할 수 있지요. 실제로 인증받은 아파트가 인증받지 않은 아파트에 비해 난방 사용량이 22% 적고, 인증제 도입 이전에 지어진 아파트에 비해서도 26% 적은 것으로 나타났다니 효과는 확인된 셈입니다.[5] 이와 더불어 2017년부터는 제로 에너지 건축물 인증제도를 도입해 에너지효율 등급 1++ 등급 이상인 건물 가운데 에너지자립률에 따라 5개 등급으로 나누어 인증하고 있어요.

현재 ZEB 1등급(건축물 에너지효율 등급 1++와 에너지자립률 100% 이상)을 인증받은 건물은 총 8곳으로 아직은 매우 적습니다. 전국 최초로 ZEB 1등급을 받은 공공 건축물은 화성시의 왕배푸른숲도서관입니다. 태양광 설비를 통해 만들어 낼 수 있는 한 달 전력 생산량이 1만 7,604kW로, 평균 4인으로 구성된 50가구가 한 달간 사용할

제로 에너지 건축물 인증 기준

기준1

건축물 에너지효율 등급 1++ 이상

단위면적당 에너지 소요량(kWh/㎡, 년) 기준

등급	주거용	비주거용
1+++	60 미만	80 미만
1++	60 이상 90 미만	80 이상 140 미만

기준2

에너지자립률 20% 이상

건물 소비 에너지 중 신재생에너지 생산량 비율(%)

에너지자립률	ZEB 등급
100% 이상	1등급
80% 이상~100% 미만	2등급
60% 이상~80% 미만	3등급
40% 이상~60% 미만	4등급
20% 이상~40% 미만	5등급

기준3

BEMS 또는 원격 검침 전자식 계량기 설치

에너지소비량을 실시간으로 확인하고, 건물의 용도나 사용자의 에너지 사용 습관에 맞게 효율적으로 건물 에너지를 관리할 수 있도록 하는 시스템

** 출처: 제로 에너지 건축물 홈페이지<https://zeb.energy.or.kr/BC/BC03/BC03_05_002.do>*

수 있는 양과 같다고 해요. 또 자동제어 시스템을 갖춰 실제 에너지자립률은 117%에 이른다고 합니다.[6]

제로 에너지 건축물을 늘리는 것도 중요하지만, 에너지사용량이 더 늘어나지 않도록 잘 관리하는 것이 당장은 더 긴요합니다. 2011년 4월에 지어진 국립환경과학원은 탄소제로 건물로 지어졌는데요, 11년이 지난 지금은 ZEB 5등급으로 에너지자립률이 36.6%까지 떨어졌습니다. 훌륭한 액티브 기술이 있더라도 에너지사용량이 늘지 않도록 유지하고 관리하지 않으면 제로 에너지 건축물은 완성되지 못합니다.

건물의 에너지효율을 높이는 방법들

모든 사람이 에너지효율과 자립률이 높은 튼튼한 건물에 살면 좋겠지만, 모두가 원하는 집을 짓고 살 수는 없는 게 현실이지요. 그러므로 우리는 일상적으로 배출하는 온실가스를 줄이는 것부터 시작해야 합니다. 그중 효과적인 방법 하나는 에너지효율이 좋은 전자기기를 사용하는 것입니다.

조명기기는 전력 소모가 적고 수명이 긴 LED로 교체하고, 10년 이상 되면 효율이 떨어지는 보일러도 고효율 콘덴싱 보일러로 바꾸는 것이 그런 방법이지요. 연료를 연소할 때 생기는 120도 이상

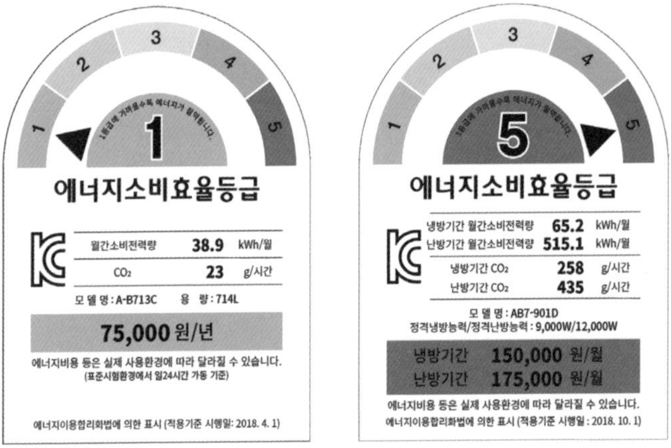

에너지소비효율등급 표시 라벨의 예시(왼쪽: 냉장고, 오른쪽: 전기 냉난방기)

의 고온 배기가스를 그대로 외부에 배출하는 일반 보일러와 달리, 콘덴싱 보일러는 이 배기가스를 난방수를 데우는 데 한 번 더 사용함으로써 열효율을 높이고 온실가스 배출을 줄입니다. 일반 보일러 대비 최대 28.4%의 에너지 절감이 가능해 에너지효율 등급 1등급으로 분류된답니다.

전자제품에 '에너지소비효율등급' 스티커가 붙은 것을 본 적이 있을 거예요. 에너지효율의 등급과 월간 소비 전력량, 이산화탄소 배출량을 표시한 라벨이랍니다. 1등급에 가까울수록 에너지효율이 높은데, 5등급 제품 대비 약 30~40%의 에너지를 절감할 수 있어요.

〈에너지이용합리화법〉에 따라 냉장고, 냉난방기 등 사람들이 보편적으로 쓰는 33개 품목은 반드시 이 라벨을 붙여야 합니다. 제조업체들이 전자제품을 생산하는 단계부터 에너지효율을 고려해 제품을 만들도록 하고, 소비자들이 에너지효율이 높은 제품을 쉽게 구입할 수 있도록 돕기 위해서입니다.

에너지효율이 좋은 제품을 구입했다고 끝은 아닙니다. 사용법을 제대로 알고 사용한다면 낭비되는 에너지를 상당히 줄일 수 있습니다. 가전제품의 전원을 꺼도 플러그를 뽑아 놓지 않으면 전력이 소비되고 있는 것이라는 사실, 알고 계셨나요? 이를 대기전력이라고 하는데요, 일반 가정의 전체 전력 소비량의 11%나 차지합니다. 1년이면 한 달 치 전기 사용량과 맞먹는 양이니 결코 무시할 수 없겠지요.

지금 집 안을 한번 둘러봅시다. 혹시 여름이 아닌데도 에어컨 플러그가 꽂혀 있지는 않나요? 방 안의 컴퓨터와 스피커, 그리고 난방을 위한 보일러도 마찬가지입니다. 사용하지 않을 때에는 꼭 플러그를 뽑고, 가능하면 절전형 멀티탭을 이용해 대기전력을 차단하는 게 좋아요.

그 밖에도 냉장고는 내부 공간의 60%만 채워 사용하고, 에어컨을 사용할 땐 선풍기를 같이 틀고, 커튼이나 블라인드로 햇빛을 차단해 실내 온도를 낮추는 등 생활습관에 조금만 신경 써도 에너지지 낭비를 줄일 수 있답니다.

오늘날에는 전력 소비를 줄이는 것을 도와 주는 정보통신기술도 크게 발전했습니다. 호텔에서 자주 볼 수 있는 것으로, 현관에 꽂아 둔 카드키를 뽑으면 TV와 조명 등 실내 설비 전원이 함께 꺼지도록 하는 시스템, 실내 적정 온도에 맞춰 자동으로 냉난방 기기 작동을 설정하거나 실내의 밝기에 따라 조명의 조도가 저절로 조절되도록 하는 기술 등이 그 예입니다. 이처럼 정보통신기술을 이용한 에너지 관리 시스템(EMS, energy management system)은 비효율적으로 소비되는 에너지를 줄여 주지요.

집 밖에서 휴대폰으로 가스밸브를 잠그거나 거실 조명, 난방 기기 전원을 작동하는 원격제어 기능도 대표적인 가정 에너지 관리 시스템입니다. 또한 에너지사용량과 비용을 실시간 안내함으로써 사용자가 에너지를 더 절약하도록 유도하는 서비스도 있지요.

낡은 건물을 바꾸자, 그린리모델링

오래된 건물일수록 에너지를 더 많이 사용해요

앞서 에너지 낭비를 줄이는 똑똑한 기술들에 대해 알아봤는데요. 하지만 이런 기술을 적용할 수 있는 건 주로 신축건물일 때입니다. 여러 인증제도 역시 공공건축물과 새로 지어지는 건축물에만 적용되고 있습니다. 지금부터 짓는 모든 건물이 제로 에너지 건축물이 되더라도 지은 지 20년 이상 된 건축물이 전체의 60% 가까이 차지하는 현 상황[7]에서 기존 건축물의 에너지효율 개선 없이는 건물 부문 탄소중립은 불가능하다는 이야기이지요.

게다가 지은 지 오래된 건물일수록 에너지효율이 떨어져 훨씬 많은 에너지를 소비합니다. 1985~1987년에 사용 승인된 건물과

전국 노후 건축물 현황(2020년)

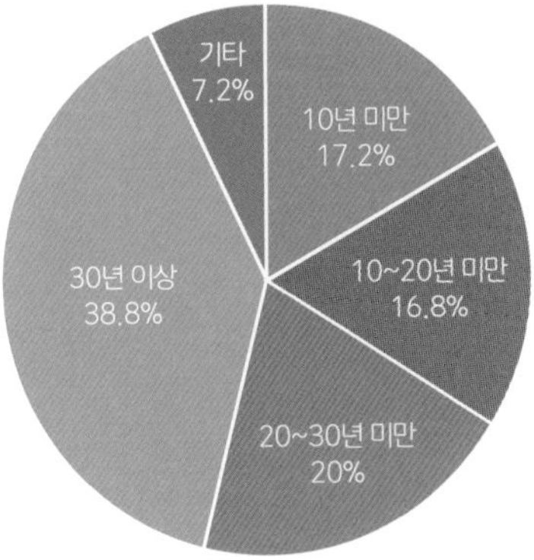

* 자료: 국토교통부

2015~2017년에 사용 승인된 건물의 난방 사용량을 비교해보면 아파트는 43%, 단독주택은 31%나 차이가 납니다.[8] 그사이 강화된 단열 기준의 효과가 크다는 것을 알 수 있어요. 30년 전만 해도 건물을 지을 때 기후위기는커녕 단열의 개념조차 없었다는 방증이기도 하지요.

국토교통부는 국공립 어린이집, 보건소 및 의료시설, 공공임대주택 등 공공건축물을 대상으로 그린리모델링사업●을 추진하고 있습니다. 많은 사람이 이용하는 공공시설의 에너지효율을 개선

● 에너지 성능 향상 및 효율 개선 등을 통해 기존 건축물을 녹색 건축물로 전환하는 활동.

하면 누구나 쾌적하고 안전한 환경에서 살아갈 수 있다는 측면에서 중요합니다. 하지만 공공건축물은 전체의 3%에 불과하기에, 민간 건축물에도 적용할 수 있는 정책이 필요합니다. 그래서 정부는 민간 건축물이 그린리모델링을 실시할 경우 공사비 대출금 이자의 3%를 지원해 줍니다. 그렇지만 상당한 공사비가 들어가는 만큼 선뜻 참여하기가 쉽지 않지요. 이런 상황에서 '서울가꿈주택사업'은 눈여겨볼 만한 사례입니다.

'서울가꿈주택사업'은 지은 지 20년 이상 된 노후주택(단독, 다가구, 다세대, 연립)의 집수리 비용을 서울시에서 50~100% 지원하는 제도입니다. 2016년에는 1억 4,000만 원 예산으로 14곳을 지원했는데, 2019년에는 총 42억 3,000만 원으로 665곳을 지원할 만큼 사업 규모를 키웠어요.[9] 2021년에는 65억 5,000만 원을 예산으로 책정했지만 신청 건수가 폭주해 조기 마감이 될 정도였다네요.[10] 시민들의 관심과 참여가 해마다 크게 늘고 있는 겁니다.

그렇지만 여전히 기존 건물의 수에 비해 지원 규모가 너무 작아 효과를 체감하기에는 부족합니다. 더 좋은 해결책은 없을까요? 다른 나라에서는 어떤 제도를 시행하고 있을까요? 나라마다 사회·역사·경제적 여건이 달라 제도를 그대로 적용할 수는 없겠지만 좋은 아이디어를 얻을 수 있을지 모릅니다.

해외의 친환경 건물 정책

독일은 건물 부문에서 발생하는 온실가스 배출량이 전체 배출량의 14%를 차지합니다. 건물 내 에너지 사용과 건축자재 및 부품 등을 제조하는 건축 관련 산업에서 발생하는 간접 배출량까지 포함하면 전체 배출량의 4분의 1에 이를 정도이지요.[11]

독일은 2045년까지 탄소중립을 달성하겠다고 선언하고, 건물 분야 배출량을 2030년까지 43% 감축할 계획을 수립했습니다. 특히 기존 건물의 에너지효율을 개선하려 힘쓰고 있어요. 이를 위해 온실가스를 많이 배출하는 건물에 규제를 강화하고 있습니다. 2021년부터는 주택에서 발생하는 탄소 1t당 25유로(약 3만 3,000원)를 지불해야 해요. 주목할 점은 이 비용을 임대인과 임차인이 함께 낸다는 겁니다. 에너지효율이 낮아 온실가스를 많이 배출하는 집이라면 탄소 배출 비용을 집의 실제 소유자인 임대인이 함께 책임지도록 한 것이지요.[12] 또 2026년부터는 신축건물에 석유를 원료로 하는 난방시설은 설치할 수 없도록 했습니다.

규제만 하는 게 아니라 사람들의 자발적 참여를 이끄는 정책도 내놓고 있습니다. 독일의 국책은행 독일재건은행(KfW)이 그 역할을 하고 있어요. 국책은행이란 정부가 특정한 국가정책을 실시하고자 설립하는 은행인데요, 독일재건은행은 1950년대부터 환경보호, 에너지효율화, 친환경 에너지 관련 사업을 지원하고 있습니다.[13]

대표적으로는 에너지효율이 높은 집을 짓고자 하는 사람들에게 보조금을 지원하거나 낮은 이자로 돈을 빌려주는 사업이 있습니다. 에너지효율이 높을수록, 그리고 친환경 소재를 사용할수록 보조금 혜택이 커집니다. 투자 비용의 40%까지, 최대 4만 8,000유로(약 6,500만 원)의 보조금을 받을 수 있어요. 대출은 최대 12만 유로(약 1억 6,000만 원)까지 받을 수 있는데, 공사 이후 에너지효율이 개선되면 최대 4만 8,000유로의 대출 상환액을 감면해 줍니다. 친환경 주택 전문가의 조언을 얻을 수 있도록 자문 비용도 지원받을 수 있어요.[14] 어떤가요? 이런 지원이 있다면 '친환경 건물로 집을 고쳐볼까?' 하고 마음먹기가 조금 더 쉬울 것 같지 않나요?

그런데 돈을 들여 집을 고치고 나면, 집주인으로서는 임대료를 더 많이 받고 싶지 않을까요? 실제로 리모델링을 거친 집은 그렇지 않은 집보다 임대료가 비싸요. 독일에서는 이러한 리모델링 비용이 임대료 상승으로 이어지지 않도록 임대차법도 개정해 왔어요. 연간 임대료에 리모델링 비용의 8%까지 반영할 수 있지만, 여기에 보일러나 노후 배관 교체 등 건물의 기본적인 유지·관리에 해당하는 비용은 포함할 수 없도록 했어요. 단열, 태양광·태양열 설비 설치 등 에너지효율 개선에 들어간 비용만 추가로 임대료에 반영하도록 한 것이지요. 그리고 보조금으로 진행한 리모델링은 공적 자금이 투입된 것이기에 그 경우에는 임대료를 올릴 수 없도록 했습니다. 그럼에도 너무 많이 오른 임대료가 큰 부담이 되는 가구(임대료가 전체 소득의 40%이상 되는 가구)에는 주거비를 직접 지원하고 있습니다.[15]

한편 영국은 2018년부터 '에너지 성능 인증서 제도(EPC, Energy Performance Certificate)'를 실시하고 있어요. 건물의 에너지효율을 가장 높은 A부터 가장 낮은 G까지 7등급으로 나누어 인증서를 발급합니다. 새로운 주택을 건설하거나 기존 주택을 판매, 임대할 때 이 인증서가 반드시 필요해요. 에너지 성능 등급이 E등급 이상이어야 부동산거래를 할 수 있고, 이를 어기면 최대 5,000파운드(약 800만 원)의 벌금을 내야 합니다. 2021년 4~6월에 지어진 건물의 85%가 A~B등급을 획득했다고 하니,[16] 제도가 좋은 변화를 더 빨리 이끌어 낸 것 같네요.

모두를 위한 건물, 도시 디자인

기후 재난으로부터 누구나 안전할 권리

2005년, 광주의 한 집에서 불이나 15세 소녀가 목숨을 잃었습니다. 소녀의 가족은 난방비를 부담할 여력이 안 돼 상대적으로 요금이 싼 전기장판으로 겨우내 추위를 견뎠어요. 하지만 내지 못한 전기요금이 80만 원가량 누적되어 결국 전기가 끊겼습니다. 한밤중 어두운 화장실을 밝히려고 켜 둔 촛불이 옮겨 붙어 불이 난 거였지요. 이 사고는 에너지빈곤층•과 에너지 복지에 대한 사회적

• 우리나라는 소득의 10% 이상을 냉·난방 등을 위한 에너지 비용으로 지출하는 가구를 '에너지 빈곤 가구'로 정의하고 있다.

관심이 높아진 계기가 되었어요. 17년이 지난 지금은 사정이 나아졌을까요? 에너지가 인간답게 살기 위한 기본권의 하나로 여겨지고는 있지만 여전히 그 기본권을 누리지 못하는 사람이 많습니다.

2018년 여름, 우리나라에 관측 이래 최고의 폭염이 찾아왔어요. 당시 실내에서 발병한 온열질환자는 1,202명이었는데, 이 가운데 집에서 발생한 경우가 624명으로 절반이 넘습니다.[17] 2018년 12월부터 2021년 2월까지 발생한 한랭질환자 1,140명 중 172명도 집에서 발생했어요.[18] 냉난방시설이 없거나, 있더라도 경제적 부담으로 필요한 때조차 충분히 사용할 수 없었기 때문입니다.

노후 건물의 에너지효율을 개선하는 것은 기후변화 시대를 맞은 시민의 건강과 생명에 직결된 중요한 문제라 할 수 있어요. 소득이 많은 사람은 태양광발전기를 설치하거나 주택 효율 개선에 투자할 여유가 있을 테니 더위와 추위로부터 건강과 생명을 보호하고 에너지 비용도 절감할 수 있지요. 하지만 소득이 적은 사람들은 에너지효율이 낮은 낡은 주택에 거주하며, 이로 인해 더 많은 에너지를 사용해야 하는 악순환이 반복됩니다. 또 기후위기가 가속되어 이상기후가 빈번해지면 이러한 에너지빈곤층의 부담도 계속 커질 거예요.

현재 우리나라는 에너지 복지의 일환으로 에너지바우처와 저소득층 에너지효율 개선 사업을 시행하고 있습니다. 에너지바우처는 하·동절기에 냉난방을 위한 에너지 비용을 보조하는 사업으로 계절에 따라, 가구 구성원 수에 따라 금액을 다르게 지급해요. 예를 들어 가족이 4명 이상일 경우 여름에는 전기요금 1만 5,000원, 겨울에는 난방 비용 17만 6,000원을 지원받을 수 있습니다. 매달이 아니라 여름과 겨울 각 1회씩이에요. 에너지효율이 낮은 주택일수록 겨울철 난방비 부담이 크다는 것을 감안하면 턱없이 부족한 금액입니다.

에너지효율 개선 사업은 단열·창호 공사, 보일러나 냉난방기 지원을 통해 에너지 사용 환경을 개선하는 사업입니다. 하지만 1가구당 평균 지원액이 약 110만 원으로 건물의 에너지효율을 실질적으로 개선하기에는 부족합니다. 재개발·재건축에 대한 기대심리가 큰 우리나라에서는 낡은 건물을 돈 들여 고치기보다 재개발이 이뤄질 때까지 기다리는 경우가 많습니다. 더욱이 이러한 노후 건축물의 실제 사용자는 임차인인 경우가 많아 임대인은 주거 환경의 질 개선이나 에너지사용량 및 비용 절감을 위한 투자에 매력을 느끼지 못하기도 하고요. 이렇듯 다양한 이해관계와 여건을 고려해 주택 소유자들이 건물의 에너지효율 개선에 동참할 수 있도록 과감한 투자와 전략이 필요합니다. 동시에 에너지빈곤층, 주거빈곤층에 대한 복지 지원도 이루어져야겠지요.

기후변화로 인한 재난은 평등하지 않습니다. 소득이 많을수록 더 많은 온실가스를 배출하면서 정작 더 안전한 삶을 유지하는 경우가 대다수이지요. 이러한 기후부정의를 해소할 수 있도록 기후위기에 취약한 에너지빈곤층과 주거빈곤층에 대한 지원이 반드시 이루어져야 합니다. 탄소중립으로 가는 길은 모두가 안전하게 지낼 주거 및 생활공간을 확대함으로써 기후위기에 대한 적응력을 키우고 생존권을 지키는 과정이기도 하다는 사실을 잊어서는 안 되겠습니다.

전기는 눈물을 타고 흐른다

우리나라는 전기요금이 저렴한 편입니다. 한국의 가정용 전기요금은 OECD 주요 26개 나라의 평균 요금의 절반도 못 미치는 가격이에요. 산업용 전기도 마찬가지입니다.[19] 전기요금이 저렴하면 마음껏 쓸 수 있으니 좋은 일일까요? 하지만 이 값싼 전기요금 뒤에 가려진 문제가 있습니다. 풍부하고 저렴한 전기가 도시에 오기까지 어떤 일들이 일어나는지 들여다봅시다.

우리나라에서 생산하는 전력의 약 65%는 56개의 석탄발전소와 24개의 원자력발전소(이하 원전)로부터 얻고 있어요. 대부분 해안가에 위치해 있지요. 그런데 여기에서 생산되는 전기는 그 지역에서 소비되는 것이 아니라 대부분 대도시로 보내집니다. 2020년 기준

서울, 경기, 인천이 위치한 수도권이 사용하는 전기는 전국 소비량의 38%를 차지해요. 수도권에서 생산하는 전력량(24%)보다 훨씬 많은 전력을 사용하기 때문에[20] 멀리 떨어진 발전소에서 전력을 공급받는 거예요. 그리고 수도권에 전기를 보내기 위해서는 거대한 송전탑이 필요합니다.

2012년 1월 16일, 경남 밀양시 산외면 마을회관 앞에서 당시 74세였던 이치우 어르신이 몸에 휘발유를 끼얹고 불을 붙였습니다. 어르신이 남긴 마지막 말은 "오늘 내가 죽어야 이 문제가 해결되겠다"였어요. 당시 한국전력은 신고리 3호기 원전에서 생산되는 전기를 영남권으로 송전하기 위해 밀양에 송전탑을 세울 계획이었습니다.

평균 높이 94m, 76만 5,000V의 초고압 송전탑이 마을 곳곳에 들어선다는 소식을 들은 주민들은 당연히 반발했지요. 논밭을 가로지르는 송전탑 때문에 재산권뿐 아니라 건강권도 침해받으니까요. 하지만 국가는 이들의 목소리에 귀 기울이지 않았어요. 평균 연령이 60~70대였던 어르신들은 눈뜨면 산에 올라 송전탑 건축 공사를 위한 벌목을 막으려고 나무를 껴안은 채 하청업체와 깡패들의 폭력에 맨몸으로 저항했어요.

어르신들의 힘겨운 싸움으로 세상은 원전에서 생산된 전기를 대도시로 보내기 위해 세워지는 송전탑이 마을 공동체를 망가뜨

➔ 2014년 7월, 경북 청도군 삼평리 주민이 송전탑 건설에 반대하며 농성하고 있는 모습. 경남 밀양시와 경북 청도군 주민들은 16년 넘게 송전탑 반대 및 탈핵 운동을 이어 오고 있다.

리고, 인근 주민들의 권리를 짓밟고 있다는 사실을 알게 되었어요. 플러그만 꽂으면 사용할 수 있었던 전기는 실은 지역주민들의 눈물을 타고 흘러온 겁니다. 주민들의 격렬한 저항과 시민사회의 규탄에도 불구하고 송전탑은 결국 들어섰습니다. 하지만 밀양과 청도 어르신들의 싸움은 핵발전소를 반대하는 운동이 되어 지금까지 이어지고 있습니다.

2011년 3월, 후쿠시마 원자력발전소에서 방사능이 누출되는 사고가 일어났습니다. 이 사고로 우리는 원전의 위험성을 다시금 깨닫게 되었지요. 원전은 지을 수 있는 장소를 구하기 힘들어, 한 지역에 여러 개를 짓습니다. 이렇게 발전소가 밀집되면 그만큼 사고 위험은 높아질 수밖에 없습니다. 우리나라는 세계에서 원전 밀집도가 가장 높은 나라이기도 해요.

원전에서는 사용하고 나면 최소 10만 년 이상 안전하게 보관해야 하는 고준위 핵폐기물이 발생하는데 세계 어느 나라도 아직 이것을 안전하게 보관하는 기술과 폐기장을 갖고 있지 못합니다. 이 때문에 원전을 화장실 없는 아파트라고도 합니다. 이런 큰 위험을 곁에 두고 살아가는 발전소 주변 지역주민들은 불안과 공포에 시달립니다. 이뿐 아니라 체내에서 방사성물질인 삼중수소가 검출되거나, 갑상선암 발병률이 다른 지역에 비해 높게 나타나는 등 건강 피해를 겪고 있어요.

사실 석탄발전소도 상황은 크게 다르지 않습니다. 석탄발전소 인근 주민들은 천식, 알레르기성비염, 피부염, 뇌혈관질환, 당뇨 등의 발병률이 다른 지역보다 높게 나타나지만 대부분 발전소의 영향으로 인정받기 어려운 것이 현실입니다.[21]

우리가 사용하는 '값싼 전기'는 이처럼 발전소가 갖는 위험비용, 발전소 주변 주민들의 건강 피해, 대도시로 전력을 보내기 위한 송전탑 건설과 그로 인해 발생하는 지역주민 간의 갈등 등을 고려하지 않았기 때문에 가능했습니다. 그동안 우리는 이러한 문제들에 대해 잘 알 수 없었어요. 정부와 한국전력 당국이 진실을 감춰 왔기 때문입니다.

이제는 '불행한 전기'의 수동적 소비자가 아닌 능동적이고 행복한 전기 사용자가 되어 보는 게 어떨까요? 내가 쓰는 전기가 어떻게 만들어지고 어떻게 나에게 오는지를 이해하고, 내가 사용하는 전기의 양과 요금이 적정한지 살피며 전기의 생산에서 유통·소비 과정이 모두 행복할 수 있는 방법을 찾아봅시다.

시민이 함께 만드는 지속가능한 도시

도시에서 탄소중립을 이루려면 기후변화에 대응할 수 있는 기술과 적절한 제도로 온실가스 배출량을 줄여야 합니다. 이때 중요한 것은 이 과정이 특정 계층이나 지역을 배제하거나 그들에게 피해를 전가하지 않고, 누구나 공평하게 기후변화로부터 안전한 삶을 유지할 수 있도록 하는 일입니다. 앞서 살펴본 것처럼 거대한 발전소에서 전력의 대부분을 생산해 멀리 있는 대도시로 보내고, 이를 위해 송전탑을 건설하는 방식은 안전하지도 평등하지도 않은 시스템이에요. 이제는 각 지역에서 필요한 전력을 지역에 기반한 발전 원료로 직접 생산하는 '분산형전원'으로 전환해야 합니다.

주로 태양광이나 풍력과 같은 신재생에너지 자원을 이용하는

분산형전원은 원전사고 위험성도 없고 온실가스 배출도 줄일 수 있습니다. 그리고 전기를 소비하는 지역이나 그 인근에 배치하면 송전탑을 추가로 건설하지 않아도 되지요. 무엇보다 거대한 발전소와 송전망 건설을 둘러싼 사회적 갈등을 줄일 수 있어요. 누군가에게 피해를 강요하면서 얻는 방식이 아닌 지역에서 필요한 에너지를 직접 생산하는 방식이지요.

2012년, 서울시는 에너지사용량을 줄이고 재생에너지를 직접 생산해 원전 하나만큼의 에너지를 줄이겠다는 취지의 '원전 하나 줄이기' 정책을 시작했습니다. 2011년의 후쿠시마 핵발전소 폭발사고가 이 정책에 큰 계기가 되었어요. 원전 하나 줄이기 정책의 일환으로 시작된 에너지자립마을 사업은 지방자치단체와 시민들이 함께 값진 성과를 이루어 낸 사례입니다.

에너지자립마을이란 마을 단위, 주민 주도로 에너지자립도를 높여 가는 마을을 말해요. 에너지소비를 줄이고 에너지효율을 개선하며 신재생에너지를 생산할 수 있는 사업을 주민들이 힘을 합쳐 펼칩니다. 이 과정에서 에너지자립률이 높아지는 것은 물론 마을공동체가 복원되고 에너지 복지를 이루는 등 다양한 효과도 기대되고 있습니다. 공동체의 대응능력이 강화된다면 기후위기 시대를 헤쳐 나가는 데도 큰 힘이 되겠지요?

2012년 7개였던 국내 에너지자립마을은 2018년 100여 곳으로 늘었습니다. 이 마을들에서 7년간 절감한 에너지의 양은 약 518만 TOE•로, 온실가스 1,450만t을 감축한 효과를 내고 있습니다.[22] 또한 서울시 에너지자립마을에 설치한 태양광 발전기는 연간 482만 kWh의 전기를 생산하고 있어요.[23] 4인 가족 1만 6,000여 가구가 한 달 동안 사용할 수 있는 양이라고 합니다.

서울시 성북구의 석관두산아파트는 따뜻한 이야기를 전한 사례로 언론에도 많이 등장했지요. 이 아파트는 지하 주차장과 각 세대의 형광등을 효율이 좋은 LED로 교체하고, 베란다에는 미니 태양광 발전기를 설치해 직접 전기를 생산합니다. 동시에 주민들이 생활 속에서 실천할 수 있는 에너지절약 운동도 함께 진행했어요. 그 결과 2010년 대비 2016년 공용 전기 사용량은 45%, 세대별 전기 사용량은 12.1%나 절감했습니다. 이렇게 절감한 비용으로 경비원 30명의 고용을 보장하고, 임금도 19%나 올렸다고 해요. 또 경비원이 전기요금 걱정 없이 에어컨을 사용할 수 있도록 경비실 외벽에 소형 태양광 발전기를 설치했어요.[24]

에너지자립마을 최초로 아파트 옥상을 태양광 부지로 대여하는 사업도 시작했습니다. 도시의 수많은 건물 옥상에 태양광 발전기

• 석유환산톤(ton of oil equivalent, TOE). 여러 종류의 에너지원을 석유 1t을 연소할 때 발생하는 에너지를 기준으로 환산한 단위.

를 설치한다면 에너지자립률을 빠르게 높일 수 있을 겁니다. 에너지사용량을 줄이고, 꼭 필요한 전기는 재생에너지를 활용하고, 이웃의 에너지 복지도 마련하는 석관두산아파트의 멋진 행보가 널리 알려져 다른 곳에도 긍정적 영향을 준다면 도시의 에너지자립과 탄소중립에 한걸음 더 다가갈 수 있지 않을까요?

동작구 상도동 일대의 성대골 마을은 후쿠시마 원전사고를 계기로 주민들이 함께 에너지에 대해 공부하면서 자연스럽게 에너지전환 운동을 시작한 사례입니다. 합리적 비용으로 생활환경과 에너지효율을 개선하기 위해 2013년 11월 '마을닷살림협동조합'을 설립했어요. 에너지절약에 관심이 많은 소비자와 제품 생산자를 이어주는 마을기업 '에너지슈퍼마켙'도 열었습니다. 온라인 쇼핑몰[25]을 함께 운영하는 이곳에서는 LED 전구부터 스마트 에너지관리 제품까지 다양한 에너지절약 제품을 판매하고 있어요.

2018년 9월에는 '성대골에너지협동조합'을 출범해 건물 옥상을 활용한 재생에너지 사업도 펼치고 있어요. 옥상의 태양광발전 장치에서 만들어 낸 전기를 전력 중개 시장에 판매해 그 수익을 지역주민들과 나누는 것입니다. 이렇게 마을기업, 마을 사업을 통해 지역사회에서 녹색 일자리를 창출하고 있는 성대골 주민들은 에너지 강사이자 지역의 에너지 컨설턴트로도 나서서 활동합니다. 서울시 에너지자립마을이 크고 작은 변화를 만들 수 있었던 것은 주민들이 주체가 되어 공동체를 만들고 계획하고 실행하는 주민 주도형 사업을 펼친 덕분이 아닐까요?

기술이 발달할수록 에너지효율은 점점 높아지고 재생에너지 생산량도 꾸준히 늘 겁니다. 하지만 시민의식의 변화가 동반되지 않으면 에너지사용량은 줄지 않을 거예요. 증가하는 에너지사용량만큼 오히려 더 많은 기술과 더 많은 전기가 필요하겠지요. 탄소중립이 단순한 유행어가 되지 않기 위해서는 시민들에게 더 많은 정보가 투명하게 제공되고 시민이 참여할 기회도 더 많이 만들어져야 합니다. 탄소중립은 대통령의 선언으로 되는 게 아닙니다. 한 명 한 명의 시민이 기후변화에 적응해야 할 당사자이자 대안을 만들어 갈 주체가 될 때 비로소 시작될 수 있습니다.

06

경제활동과 탄소중립, 함께 갈 수 있을까?

우리나라 10대 대기업 그룹이
국가 전체 온실가스 배출량의 36%를 배출한다.

우리는 생산과 소비라는 '경제활동'을 하며 살아갑니다. 사람들은 회사나 가게에서 일하며 돈을 벌고, 그 돈으로 또 다른 회사나 가게에서 제공하는 물건과 서비스를 소비합니다. 여러분도 앞으로 회사에 취업하거나 창업해서 일하게 될 거예요. 그런데 경제활동을 하면 할수록 에너지소비가 늘고 온실가스도 더 많이 내뿜게 됩니다. 검은 연기를 뿜어내는 공장과 석탄발전소만이 아닙니다. 회사 사무실은 물론이고 마트나 백화점 건물도 조명이나 냉난방시설 등에 에너지를 많이 쓰지요. 음식을 배달하거나 먼 곳으로 택배를 보낼 때는 석유를 이용하는 오토바이나 트럭이 있어야 하고요. 이처럼 모든 산업에는 에너지가 필요합니다.

바로 여기서 변화를 만들어야 합니다. 먼저 기업에서 사용하는 에너지를 재생에너지로 바꾸어야겠지요. 그간 성장의 대가로 치른 환경오염, 노동착취 등 사회문제의 해결에도 기업이 책임을 다해야 할 것입니다. 그리고 무엇보다 일자리 문제가 해결되어야 해요. 온실가스를 많이 배출하는 산업을 줄여 나가다 보면 누군가는 일자리를 잃을 수 있습니다. 이 과정에서 개인이 고통을 감내하는 일이 없어야 할 거예요.

해야 할 일이 정말 많네요. 더 늦기 전에, 지구에 해를 끼치지 않는 경제활동은 어떻게 가능한지 기업과 노동자, 소비자가 함께 고민해야 합니다. 죽은 지구 위에는 일자리도 없습니다.

ESG 경영, 이제 선택이 아닌 필수예요

기업은 가장 덩치 큰 전기 소비자

여러분은 메일함에 들어온 메일을 다 확인하나요? 혹시 읽지 않은 메일이 몇 백 개씩 쌓여 있지는 않나요? 우리 눈에는 메일들이 그저 컴퓨터 어딘가에 저장된 것으로 보이지만 실제로 메일의 데이터를 저장해 놓는 곳이 있습니다. 그걸 데이터센터라고 해요. 우리가 즐겨 보는 넷플릭스 등 스트리밍 서비스 기업들은 어마어마한 양의 영상 자료를 저장하기 위해 데이터센터를 운영하고 있어요. 그리고 은행이나 게임 회사 등 데이터 처리가 중요한 사업을 영위하는 거의 모든 기업이 이러한 데이터센터를 갖고 있습니다.

정보통신산업이 성장하고 더 많은 사람이 인터넷을 사용하면서

국가별 전력 사용량과 데이터센터의 전력 사용량 비교

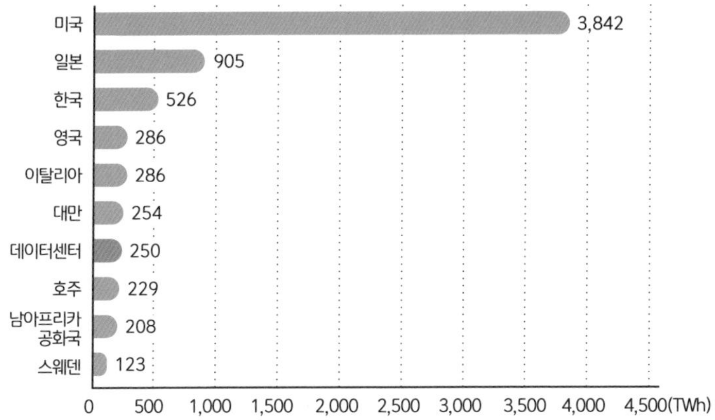

** 자료: <www.enerdata.net>에 공개된 국가별 전력 사용량*

데이터센터도 늘어나고 있습니다. 축구장 3개 면적보다 더 넓은 초대형 데이터센터가 전 세계적으로 700개나 된다고 하네요.(2021년 기준)[1] 그리고 2020년 전 세계 모든 데이터센터의 전력 사용량은 200~250TWh(테라와트시)라고 하는데요.[2] 이는 호주나 남아프리카 공화국 등의 국가에서 사용하는 전체 전력량과 맞먹는 수준이라고 합니다.[3] 그래서 데이터센터를 '전기 먹는 하마'라고 부르기도 해요.

데이터센터 운영이 아니더라도 기업에서는 많은 양의 전기를 사용합니다. 우리나라만 살펴봐도 전체 전기 소비량 중 절반 이상

(약 54%)이 산업 영역에서 쓰인 것입니다.[4] 그만큼 전기 다소비 기업이 많다는 뜻이지요. 도시가스나 열을 내는 에너지까지 포함하면 산업 부문이 우리나라 전체 에너지소비의 약 62%를 차지합니다.[5] 온실가스 배출량에서도 에너지산업, 제조업 및 건설업의 에너지소비와 산업공정을 모두 고려하면 산업 부문이 우리나라 전체 배출량의 73%나 됩니다.(2018년 기준)[6] 온실가스 감축에서 기업의 변화가 중요한 과제인 이유입니다.

이에 전기를 많이 쓰고 온실가스를 많이 내뿜던 전 세계 기업들이 'RE100(Renewable Electricity 100%)'을 선언해 실천에 나섰어요. RE100은 기업이 사용하는 전기를 태양광이나 풍력 발전 같은 재생에너지로 생산된 것으로 100% 사용하자는 캠페인입니다. 2014년 시작되어 2022년 현재 전 세계 346개 기업이 참여하고 있습니다.[7]

참여 기업의 연간 전력 사용량을 모두 합하면 330TWh로 영국이나 이탈리아의 국가 전력 소비량보다도 많습니다.[8] 그러니 만약 이 기업들이 모두 RE100을 달성한다면 그 영향이 적지 않을 것 같아요. 2020년 기준으로 따지면 참여 기업들은 전체 전력 소비량 중 약 41%를 재생에너지 전기로 사용하고 있다고 하네요. 53개 기업은 이미 재생에너지 100% 목표를 달성했다는 소식도 들립니다.[9]

사회문제를 신경 쓰지 않는 기업은 외면당할 수 있어요

기업의 사회적 책임을 촉구하는 목소리가 커지자 결국 기업들도 변하고 있습니다. 혹시 ESG라는 말을 들어본 적이 있나요? ESG는 환경(Environmental)과 사회공헌(Social), 지배구조(Governance)의 영어 첫 글자를 딴 용어인데요. 기업을 볼 때, 얼마나 많은 돈을 벌었느냐가 아니라 환경을 생각하고 사회문제 해결에 동참하며 올바르고 투명하게 경영하느냐를 따지는 것입니다. 이러한 평가기준에 따라 투자하는 것을 ESG 투자라 하고요. 세계에서 돈을 가장 많이 가진 투자회사들이 ESG를 기준으로 기업들에 대한 투자를 결정하겠다고 선언하면서, 이제는 '착한 기업'이 되어야 살아남을 수 있는 비즈니스 환경이 조성되고 있습니다.

투자자들만이 아닙니다. 자신의 신념에 따라 물건을 선택하는(혹은 선택하지 않는) 소비자도 늘고 있어요. 광고나 브랜드 이미지에 휘둘리지 않고 본인의 가치판단을 토대로 제품을 구매하는 건데요, 이러한 소비 방식을 '가치소비'라고 합니다. 가격이 조금 비싸더라도 동물복지 식품을 택하거나, 동물실험을 하지 않는 기업 혹은 사회적 약자를 위해 판매 수익을 기부하는 기업의 물건을 적극 구매하는 것이지요. 기업이 어떤 사회적 가치를 만들어 내는지가 소비의 기준이 되는 겁니다.

그리고 이러한 소비를 SNS 등을 통해 널리 알리며 자신의 신

ESG의 3요소

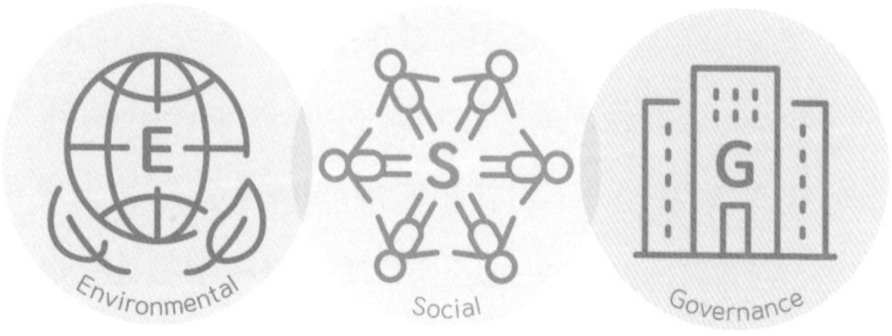

환경보호	사회공헌	지배구조
기후변화 대응	노동환경 개선	법과 윤리 준수
자원절약, 재활용	고용 평등 및 다양성 보장	투명한 기업 운영
청정기술, 스마트 에너지	소비자 보호	반부패
	사회적 약자 보호	

념이나 가치관을 표출하는 사람들도 늘고 있어요. 이를 '미닝아웃(meaning out)'이라고 합니다. 이때 소비의 기준이 되는 것은 인권, 환경 등 사회문제도 있지만, 기업의 윤리성과 투명성도 고려 대상이 됩니다. 기업 총수 일가의 갑질 문제가 불거졌을 때 소비자들이 힘을 합쳐 불매운동을 하거나 경영진 사퇴를 요구하는 등 구체적 행동으로 이어지기도 합니다. 소비자 개인의 목소리가 모여 기업에 실질적 영향을 미칠 만큼 큰 움직임이 되기도 하지요.

2021년, 애플이 중대 발표를 하겠다고 예고했습니다. 그러자 사람들은 자율주행이 가능한 전기차 '애플카'의 생산을 어느 자동차

회사와 함께할지 발표할 것으로 예상했어요. 하지만 예상과 달리 애플은 '인종차별 해소'를 이야기했습니다. 과거 인종차별이 심했던 시절, 흑인에게도 교육의 기회를 주기 위해 설립된 미국의 전통적인 흑인대학(HBCUs, historically black colleges and universities)과 협력해 전국에 학습 시설 100여 곳을 설립하고 인종차별 해소를 위해 1억 달러(약 1,144억 원)를 투자하는 프로젝트를 시작하겠다고 발표한 것입니다.[10] 애플카라는 신제품 생산보다 ESG 경영을 더 앞세운 결정이었지요. 그만큼 이제는 ESG가 기업의 행보를 결정하는 중요한 지표가 되고 있는 것입니다.

건강한 회사가 오래 살아남을 수 있어요

세계적으로 ESG 투자가 빠르게 확산하고 있습니다. '글로벌지속가능투자연합(GSIA)'에 따르면 2016년 22조 8,390억 달러(약 2경 6,127조 원) 정도였던 세계 ESG 관련 투자 자산 규모는 2020년에 35조 3,010억 달러(약 4경 384조 원)까지 증가했습니다.[11] 4년 사이 2배 이상 늘어난 것이지요. 이렇게 전 세계적으로 ESG 투자가 늘고 있는 이유는 무엇일까요?

투자자들이 단지 사회적으로 옳은 일을 하기 위해 돈을 투자하는 것은 아닐 겁니다. 물론 사회·환경 문제를 해결하기 위한 '임팩트 투자(impact investment)'도 있지만, 투자자 대부분은 투자한 만큼 수익을 가져가기를 기대합니다. ESG가 투자의 기준이 되고 있다는 것은 시장의 시각에서 봤을 때도 착하고 건강한 회사가 더 많은 이익을 얻고 더 오래 간다고 믿기 때문이에요. 과연 그럴까요?

그동안 ESG 경영이 실제로 기업의 이윤을 높이는지에 대한 많은 연구가 있었는데요.[12] 연구 결과들은 ESG와 같은 지속가능성 요인을 기업 운영에 통합하면 기업의 성과를 개선한다는 사실을 보여 주고 있습니다. 사회·환경적 책임을 지기 위한 노력이 기업의 이윤을 높일 뿐 아니라 예상하지 못한 상황에 대처하는 능력을 키워 장기적으로 생존할 가능성도 높인다는 것이지요.[13]

최근 우리나라 기업을 대상으로 한 연구도 있는데요.[14] 이 연구에 따르면, ESG 평가 점수가 높은 기업일수록 수익이 상승했다고 합니다. 또 지속가능경영 보고서와 같이 ESG를 잘하고 있는지 평가하고 공개적으로 알릴수록 수익이 올랐다고 하네요.

또한 앞으로는 국제적으로 '탄소국경세'가 도입되는 등 규제가 강화되어 환경 관련 대책을 마련하지 않은 기업은 실질적 손해가 발생할 거예요. EU는 2026년부터 탄소국경조정제도(CBAM, Carbon Border Adjustment Mechanism)를 시행하겠다고 2021년 7월에 발표했어요. CBAM은 EU로 들어오는 수입품 중 EU 내 생산 제품보다 온실가스 배출이 많은 제품에 추가 비용을 부과하는 것이에요. 최근에는 이 제도의 시행을 2025년으로 앞당기려 하고 있지요.[15] EU에 이어 미국도 관련 정책을 검토 중이랍니다. 해외 주요 시장에서 탄소국경세가 도입되면 온실가스를 많이 배출한 제품을 수출하는 기업들은 어려움을 겪게 될 겁니다.

ESG 경영의 기준은 해당 기업이 속한 국가의 상황, 기업의 규모나 업종에 따라 조금씩 다를 수 있어요. 하지만 이제 사회적 책임을 다하느냐 아니냐에 기업의 생사가 달렸다 해도 과언은 아닙니다. 그리고 이 책임 중 하나로 기후위기 대응이 중요한 자리를 차지하게 되었습니다.

여러분도 이미 환경문제와 사회문제를 해결하기 위해 가치소비를 한다든지 여러 가지로 노력하고 있을 거예요. 그런데 앞으로는 여기서 한발 더 나아가, 직업을 선택할 때 어떤 가치를 우선하고 싶은지도 한번 생각해 보면 좋겠습니다. 내가 일하고 싶은 회사나 기관이 어떤 가치를 지향하기를 바라는지, 나는 어떤 지배구조와 기업 문화를 가진 곳에서 일하고 싶은지 말이에요.

아직도 환경을 생각하지 않는 기업이 있다고요?

화석연료 사용의 주범인 산업들

기업 중에는 석유와 석탄, 가스를 땅에서 캐서 파는 화석연료 기업들이 있어요. 그리고 자동차나 큰 배, 건축물에 쓰일 강철을 만드는 기업, 석회석 등을 캐서 시멘트를 만드는 기업도 있습니다. 온실가스를 많이 내뿜는 대표적 기업들이지요. 철강 산업은 철광석을 원료로 철을 만드는데 이때 사용하는 코크스(석탄의 일종)에서 이산화탄소가 많이 발생합니다. 시멘트 산업은 시멘트의 원료인 석회석이 탄소와 산소 등으로 구성되어 있어 공정 과정에서 이산화탄소를 배출합니다.

이런 기업들 108개가 내뿜은 온실가스 양이 세계 전체 배출량의 70%에 이르고, 이 중 제일 큰 20개 회사의 배출량은 35%를 차지한다고 하네요.[16] 문제는 기후위기에 책임이 큰 이런 기업이 아직도 환경을 생각하는 시늉만 할 뿐 제대로 된 대책을 마련하지 않고 있다는 점입니다.

기후위기 대응과 탄소중립이 글로벌 스탠더드가 되었지만, 글로벌 기업들은 여전히 기후위기 대응 시기를 늦추기 위해 로비를 벌이고 있다고 하네요. 최근 조사 결과에 따르면, 세계 투자 기관들이 기후변화 대응을 위해 만든 협의체인 '기후행동 100+(Climate Action 100+)'가 관리하는 전 세계 300개 기업과 150개 산업 협회 중 91%의 기업이 파리협정에 맞지 않는 로비를 하는 산업 협회에 가입해 있거나 기후위기 대응을 미루기 위한 로비를 벌였습니다.[17] 주로 석유와 가스 등 에너지산업이 반(反)기후위기 로비를 하고 있었고 자동차, 화학, 시멘트, 철강, 수송 등의 산업도 별반 다르지 않았다고 해요.

최근에는 글로벌 석유 기업들이 온실가스를 많이 배출하는 시설을 상대적으로 규모가 작은 기업이나 투자사에 매각하는 '꼼수'를 쓰는 것도 발견되었습니다. 미국 환경보호국(EPA)이 최근 발표한 분석 자료에 따르면, 석유산업에서 메탄을 많이 배출하는 상위 10개 회사 가운데 5개 회사가 이름이 잘 알려지지 않은 중소기업이었다고 합니다.[18]

우리나라의 상황도 크게 다르지 않습니다. 녹색연합이 분석한 결과를 보면, 2020년 기준 자산 규모가 가장 큰 10대 대기업 그룹의 온실가스 배출량이 국내 전체 배출량의 36%를 차지했다고 해요.[19] 그중 국내 최대 철강 기업인 포스코가 배출량 1위로 국내 총 배출량의 13%를 차지했고, 삼성과 현대자동차, SK, LG 등 4대 그룹의 온실가스 배출 비중이 14.7%였어요. 이 기업들이 어떻게 온실가스를 줄이느냐가 전체 배출량 감소에 중요한 문제일 수밖에 없지요.

다행인 것은, 온실가스 배출량 1위인 포스코가 '2050 탄소중립' 계획을 공식 발표했다는 사실입니다. 포스코는 2019년에 온실가스를 8,000만t 가까이 배출했는데, 이는 우리나라 전체 배출량의 11%를 넘습니다. 우리나라의 수도이자 가장 인구가 많은 도시인 서울에서 배출하는 온실가스 배출량보다 약 3배 많은 양이지요.[20] 또한 우리나라 석유화학 기업들이 2021년 2월 '석유화학 탄소제로위원회'를 만들어 정부 및 연구 기관과 함께 탄소중립을 달성하기 위한 방안을 찾고 있다고 합니다. 철강과 석유화학 등 온실가스를 많이 배출하는 산업들이 '선언'을 넘어 기후위기 대응을 위해 실제로 얼마나 노력하는지 눈을 크게 뜨고 지켜봐야겠습니다.

탄소중립을 선언하는 기업들이 늘고 있지만

철강, 석유화학, 시멘트, 정유 기업 외에 다른 기업들도 온실가스를 줄일 책임이 있습니다. 제품을 만드는 과정에서 온실가스를 배출하진 않아도 전기 등 에너지를 많이 소비하기 때문이지요. 앞서 살펴본 데이터센터가 대표적 예입니다. 데이터센터는 보이지 않는 굴뚝이나 마찬가지예요. 점점 커지고 있는 정보통신기술(ICT, Information and Communications Technology) 산업의 온실가스 배출 상황도 잘 지켜봐야 합니다.

2021년 국제 환경단체 그린피스가 한국, 중국, 일본 세 나라의 정보통신기술 기업 30개를 대상으로 '탈탄소 경쟁력'을 평가했는데요.[21] 모든 기업이 'C학점 이하'의 저조한 점수를 받았다고 합니다. 기후위기 대응 약속과 실천, 정보공개의 투명성 등을 기준으로 평가한 결과인데, B 이상의 성적을 받은 기업이 한 곳도 없었어요. 30개 기업 중 15위 안에 들어간 한국 기업은 LG전자와 SK하이닉스뿐이었다고 합니다. F로 낙제점을 받은 기업이 두 곳으로 모두 한국 기업이었는데, 삼성디스플레이와 카카오였습니다. 삼성전자는 30개 기업 중 순이익 기준으로는 아시아 1위였지만, 기후 성적표에서는 D를 받아 23위를 기록했습니다.

변화를 위해 노력하는 기업도 물론 있습니다. 마이크로소프트와 애플, 구글, 아마존, 포드 등 우리에게도 익숙한 글로벌 기업이

안 읽은 메일함

탄소중립을 선언하고 있어요. 마이크로소프트는 2030년까지 온실가스 배출량을 절반으로 줄이고 2050년에는 탄소중립을 달성하겠다고 발표했습니다. 애플은 2030년까지 모든 제품 생산 과정에서 기후변화에 미치는 영향을 '0(제로)'으로 만들겠다고 밝혔고, 아마존도 2040년까지 탄소중립을 실현한다는 목표로 기후위기 대응을 위한 기금을 만들었습니다.

국내 주요 대기업들도 ESG 경영과 탄소중립을 선언하는 추세예요. 삼성전자와 LG전자는 2021년 초 '전기·전자 탄소중립위원회'에 동참하면서 온실가스 감축과 에너지전환을 추진 중입니다. 2021년 9월 기준 국내 10대 대기업 그룹에 속한 계열사• 99곳 중 ESG 위원회가 설치된 곳은 68곳으로 70%에 달합니다.[22]

주요 대기업이 재계의 ESG 경영 확산을 이끌고 있다는 점은 긍정적으로 볼 수 있습니다. 하지만 유행처럼 번지고 있는 ESG 경영이 일부 대기업에 국한돼 있다는 점이 지적되고 있어요. 2021년 중소기업중앙회가 300개 중소기업을 대상으로 조사한 결과를 보면, 중소기업 10곳 중 9곳은 ESG 경영 도입에 어려움을 겪고 있는 것으로 나타났어요. 응답 기업 중 53.3%가 "ESG 경영 도입이 필

• 어느 한 기업 집단에 속해 있는 회사. 예를 들어 삼성전자와 삼성생명 등은 삼성 그룹의 계열사다.

요하다"라고 답했으나, 실제 도입 환경에 대해선 "준비돼 있지 않아(전혀+거의) 어렵다"라고 응답한 기업이 89.4%에 달했습니다.[23]

대기업에 비해 자금과 인력이 부족한 중소기업들은 ESG 경영을 추진하기도 어렵고 대기업과의 협력도 쉽지 않은 상황입니다. 일부 대기업은 중소기업인 협력사의 ESG 경영 수준이 미달하면 거래를 정지하고 있어 ESG 평가가 중소기업의 이윤에도 영향을 미치고 있다고 해요. 그러니 중소기업이 ESG 경영과 탄소중립을 이루려면 먼저 정책적 지원이 필요합니다. 대기업이 중소기업 협력사에 대해 일방적으로 평가하기보다는 이들이 탄소중립 추진을 할 수 있도록 정부가 기틀을 마련해 주어야 해요.

한편 대기업들의 ESG 경영에 대해 기업들이 '간판'만 바꿔 붙이고 있다는 우려도 나옵니다. 구체적이고 실현 가능성 있는 계획은 없이 이름만 ESG와 탄소중립을 내세우고 있다는 것입니다. ESG가 기업들의 마케팅 도구로 활용되고 있다는 비판의 목소리가 곳곳에서 일고 있는 이유입니다.

그린워싱을 주의해야 해요

2021년 7월 23일 자 영국 《파이낸셜타임스》 신문에 현대차 그룹을 비판하는 광고가 실렸어요.[24] 겉으로는 기후위기 대응 등 ESG

호주의 환경단체 '마켓포시스(Market Forces)'의 현대차그룹 비판 광고

경영을 강조하면서 실제로는 해외에 신규 석탄화력발전소를 건설하는 이중적 태도를 비판하는 광고였습니다. 광고에는 큰 글씨로 '아이러닉(IRONIC)'이라고 적혀 있는데요, 현대차의 친환경 전기자동차 '아이오닉(IONIQ)'에 '모순적'이라는 뜻의 영어 단어 '아이러니(irony)'를 합성해 비꼰 것입니다. 이런 비판에도 불구하고 현대차그룹의 계열사인 현대건설은 베트남에 새로운 석탄화력발전소를 건설하는 사업을 추진 중입니다.[25]

이처럼 실제로는 환경에 나쁜 영향을 끼치는 행동을 하면서 기업광고 등을 통해 친환경 이미지를 전면에 내세우는 행위를 '그린

워싱(green-washing)' 또는 '녹색 분칠'이라고 부릅니다. 좋은 회사인 것처럼 이미지를 세탁한다는 뜻이지요. 환경단체 등 시민사회에서는 기업들의 그린워싱을 지속적으로 감시하고 고발하고자 노력하고 있습니다.

최근에는 한국전력이 그린워싱 기업으로 지목되었어요. 국내에서는 탄소중립을 선포하고 2050년까지 석탄발전을 중단한다고 선언했지만,[26] 베트남과 인도네시아에 건설 중인 석탄발전소에 계속 투자하는 모순된 행보를 보였기 때문이에요.[27] 이에 대해 세계적인 투자회사들이 한국전력에 해외 석탄발전소 사업 투자를 중단하라고 요구하고 있습니다. 이러한 요구가 받아들여지지 않자 투자회사인 네덜란드 공적연금운용공사(APG)와 영국 국가퇴직연금신탁(NEST)은 한국전력에 투자했던 돈을 모두 회수했다고 하네요.[28]

2021년 4월 우리나라 환경단체들이 국민연금 운영위원회에 찾아가 기후위기 대응을 촉구하는 시위를 벌였습니다.[29] 국민연금이 기후위기랑 도대체 무슨 관련이 있냐고요? 국민연금은 국가에서 국민의 노후를 보장하기 위해 운영하는 사회보장제도인데요. 국민이 낸 세금을 모아 큰 규모의 투자를 진행하고, 그 수익으로 국민에게 연금을 나눠 주는 것입니다. 그런데 국민연금이 석탄발전 관련 기업에 투자하고 있다는 사실이 밝혀지면서 환경단체들이 반발한 것입니다.

이에 국민연금도 '탈석탄' 투자를 선언하고 ESG 책임 투자를 하겠다고 선언했습니다. 하지만 실제로는 여전히 군수 기업이나 환경오염을 유발하는 기업에 투자하는 등 사회적 책임을 저버리는 투자 행위를 한다는 지적을 받고 있습니다. 반면 노르웨이와 일본, 영국 등의 연금기금은 기후변화를 일으키는 화석연료 산업에 투자를 금지하거나 기후변화 대응에 노력하는 기업에 적극적으로 투자하고 있다고 해요. 기후위기를 막기 위해 전 지구적 노력이 요구되는 가운데, 단지 더 높은 수익성을 위해 석탄발전 관련 기업에 지금처럼 투자를 계속한다면 그 미래는 어떨까요? 국민의 안전한 노후를 보장하는 길은 우리의 삶터인 지구를 지키는 데서 출발해야 하지 않을까요?

우리의 일자리는 지속가능할까요?

변화하는 사회와 그린뉴딜

기후위기 시대에 온실가스를 많이 배출하는 기업이 사라지거나 일자리가 전환되는 것은 피할 수 없습니다. 우리나라에서도 탄소중립 시나리오에 따라 석탄화력발전소가 순차적으로 사라지게 될 것이고, 석유로 달리는 내연기관차도 전기차로 교체될 것입니다. 탄소중립을 선언한 기업들은 사업의 내용을 많이 바꿔야 할 것이고요. 이 과정에서 사라지는 일자리도 많을 것입니다. 거꾸로 새로운 일자리가 생겨날 수도 있지요. 이처럼 기후위기에 대응하는 과정에서 발생할 수 있는 일자리 문제와 사회·경제적 불평등을 해결하기 위한 계획을 '그린뉴딜'이라고 부릅니다.

그린뉴딜이 완전히 새로운 개념은 아니에요. 1930년대 미국에 대공황이 찾아오자, 루스벨트(Franklin D. Roosevelt) 정부는 공공사업에 대규모로 투자해 실업자와 빈곤층을 돕고, 복지와 노동자의 권리를 강화하는 정책을 펼쳤습니다. 이를 '뉴딜(New Deal)' 정책이라 불러요. 그린뉴딜은 1930년대의 뉴딜처럼 정부가 대규모로 투자해 질 좋은 일자리를 만드는 계획인데, '그린(Green)'이 더해진 만큼 환경문제를 발생시키지 않는다는 목표가 담겨 있습니다. 노동자와 빈곤층을 희생시키는 불공평한 방식도 피하고자 하지요.

그렇다면 그린뉴딜을 통해 만들어질 일자리는 어떤 것이 있을까요? 대표적으로 재생에너지와 관련된 일자리가 있습니다. 태양광과 바이오에너지, 풍력발전 기술을 개발하고, 재생에너지 설비를 설치하는 것 등의 일자리가 있겠지요. 2019년 기준 전 세계적으로 약 1,146만 명이 재생에너지 분야에서 일하고 있다고 합니다. 2012년에는 728만 명이었는데 매년 늘어나고 있어요.[30] 또한 재생에너지 전력망을 구축하는 프로그래머나 엔지니어도 새롭게 생겨나는 일자리입니다. 건물의 에너지효율을 높이는 설계를 하거나 시공하고 관리하는 직업도, 친환경 대중교통과 관련된 일자리도 창출되겠지요.

미국에서 2009년부터 2017년까지 그린뉴딜 정책이 추진되었는데, 실제로 많은 일자리를 새로 만들었다고 해요. 2017년 기준 재

전 세계 재생에너지 일자리

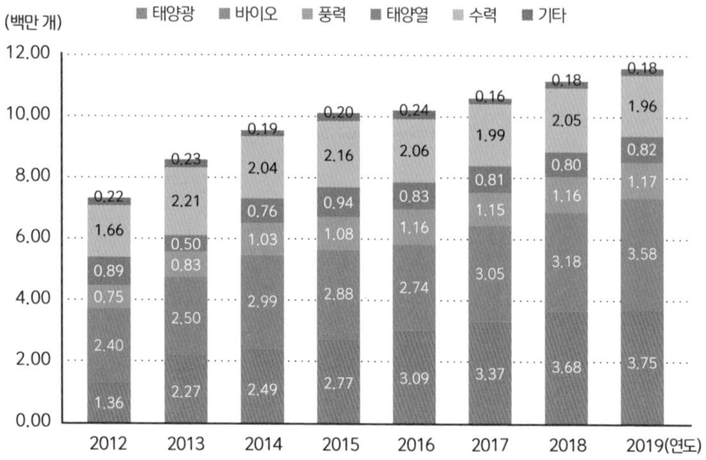

* *자료: IRENA(2020)*

생에너지 및 에너지효율 분야에서 일하는 미국인 수는 각각 80만 명과 225만 명이었습니다.[31] 특히 풍력과 태양광 관련 일자리가 많이 늘었다고 해요. 같은 해 석탄발전 산업 종사자는 9만 명이었다니 재생에너지 분야가 크게 성장한 것은 분명해 보이네요.

단지 일자리 수를 늘렸다고 해서 좋은 정책이라고는 할 수 없겠지요. 2019년 2월 미국 의회에 제출된 '그린뉴딜 결의안'에서 정의로운 전환을 언급한 이유입니다. 이 결의안의 주요 내용은 모든 공동체와 노동자를 고려하는 공정하고 정의로운 전환을 통해 온실가스 감축을 달성하고, 미국 시민 모두를 위한 좋은 일자리를 창출해 경제적 번영과 안보를 보장한다는 것이었습니다.[32]

유럽에서도 비슷한 움직임이 시작되었습니다. 2019년 EU 집행위원회는 유럽 그린딜(European Green Deal)을 발표했어요.[33] 유럽 그린딜은 온실가스 감축뿐 아니라 친환경 농업기술을 활용한 농식품 생산, 생물다양성의 손실 최소화 및 보존 등도 목표로 제시했습니다. 2020년 1월에는 그린딜 추진을 위한 구체적인 투자 계획을 밝혔지요.

그린뉴딜은 화석연료를 기반으로 해서 이뤄 온 경제성장이 더 이상 어렵다는 인식에서 출발합니다. 지금까지와는 다른 방식으로 경제활동을 이어 나갈 방안을 모색하는 것이지요. 또한 지구의 자원이 무한한 것인 양 함부로 사용하며 끊임없는 성장을 지향하는 방식에 대한 반성이기도 합니다. 과연 우리는 경제활동과 탄소중립 두 마리 토끼를 모두 잡을 수 있을까요?

우리나라의 그린뉴딜과 탄소중립

우리나라도 2020년 7월 '한국판 뉴딜' 종합계획을 발표했어요.[34] 정부는 2025년까지 예산 73조 4,000억 원을 투입해 일자리 65만 9,000개를 창출하겠다고 밝혔습니다. 건물 리모델링 등 도시 공간을 녹색화하는 데에 30조 1,000억 원을 투입해 일자리 38만 7,000개를 만들고, 재생에너지 확산, 정의로운 전환, 전기차와 수소차 보급 등과 관련해 20만 9,000개 일자리를 창출한다는 계획입니다. 그 외에도 다양한 녹색산업을 육성해 일자리를 늘리겠다고 해요.

그러나 그린뉴딜의 핵심인 온실가스 감축 등 기후변화 대응책이 구체적으로 언급되지 않은 점을 두고 '녹색'을 표방한 단순 경제정책이라는 비판도 있었어요.[35] 온실가스 감축을 언제까지, 얼마나 하겠다는 것인지를 구체적으로 밝히지 않은 점,[36] 불명확한 일자리 창출만 간단히 언급할 뿐 어느 사업에 어떤 경제적 효과가 있을지 불분명하다는 점[37] 등이 지적되었습니다. 하지만 2030년까지 석탄화력발전소가 사라지고 재생에너지로 전환한다면 2025년까지 매년 일자리가 약 6만 2,000개, 2026년부터 2030년까지는 매년 약 9만 2,000개가 더 만들어진다는 연구 결과도 있어요.[38]

2050년 탄소중립이 이루어진 미래는 어떤 모습일까요? 탄소중립 시나리오가 잘 실현된다면 2050년 한국에는 석탄발전소가 더는 존재하지 않을 거예요. 온실가스를 많이 배출하는 철강과 석유화학·시멘트·정유 산업은 물론 기업들 대부분이 재생에너지를 사용해야 할 것이고요. 새로 짓는 모든 건물은 100% 재생에너지를 이용할 거예요. 친환경 대중교통을 이용하는 게 기본이고, 자동차도 대부분 전기·수소차로 바뀌어 있을 겁니다.

앞으로 30년 동안 한국 사회는 물론 전 세계가 빠르게 변화할 거예요. 그때 여러분은 어떤 일을 하고 싶은가요? 여러분이 꿈꾸는 직업은 2050년에도 지금과 같은 모습일까요? 혹은 새롭게 만들어질 것으로 예상되는 직업 중에 관심이 가는 분야가 있나요? 나는 과연 어떤 분야에서 어떤 일을 하며 살아갈지 상상해 보는 것도 탄소중립 사회를 그려 보는 하나의 방법입니다. 더불어 그린 뉴딜 정책이 질 좋은 일자리를 얼마나 많이 만들어 내는지도 관심을 가지고 지켜봐 주세요.

정의로운 전환과 지속가능한 일자리

새로운 일자리를 만들어내는 것만큼 중요한 일이 있습니다. 석탄화력발전소처럼 사라지게 될 곳에서 일하는 사람들을 위한 지원입니다. 정부의 탄소중립 시나리오에 따르면 국내 석탄발전소는 2050년까지 단계적으로 문을 닫게 돼요. 평생 이 분야에서 일한 사람들은 갑자기 일자리가 사라지는 상황에 맞닥뜨릴 수 있습니다. 우리나라에서 석탄발전소 및 관련 산업에서 일하고 있는 사람들은 약 5만 명이라고 해요.[39] 이들이 다른 일자리로 잘 이동할 수 있도록 적절한 지원이 필요합니다.

2015년 파리협정을 앞두고 국제노동조합총연맹(ITUC)은 "죽은 지구 위에 일자리는 없다(No jobs on dead planet)"라며 COP에 참여하는 각국 정부에 정의로운 전환을 위한 가이드라인을 마련하라고 촉구했습니다. 그 결과 파리협정 전문에도 "노동의 정의로운 전환과 양질의 일자리 창출을 우선순위로 두어야 한다"라는 문구가 포함되었지요.

앞서 1장에서 살펴보았듯 정의로운 전환은 지속가능한 경제로 전환할 때, 특정 계층이나 지역이 그 비용과 피해를 일방적으로 떠안지 않도록 해야 한다는 개념입니다. 모두의 지속가능한 삶을 위해 이 같은 전환이 필수적이라면 전환 과정 역시 모두가 함께 고민해야 하며 손실 또한 나눠야겠지요.

그런데 '전환의 당사자'인 석탄발전소 노동자들이 느끼기에 지금까지의 상황은 정의롭지 않다고 합니다. 그들의 목소리를 대변하거나 현장의 목소리를 들어줄 '창구'가 없기 때문이지요.[40] 석탄화력발전소 비정규직 노동자 10명 중 8명은 고용불안을 느끼지만, 발전소의 폐쇄 시점을 아는 노동자는 8.7%밖에 안 된다고 합니다.[41]

이에 정부는 2021년 5월, 산업구조의 전환 과정에서 소외될 수 있는 노동자에 대한 구체적 지원책을 마련하겠다고 밝혔습니다. 그리고 2021년 7월 '산업구조 변화에 대응한 공정한 노동전환 지원방안'을 발표했어요.[42] 빠른 속도로 일자리가 사라질 것으로 예상되는 내연기관 자동차와 석탄화력발전 분야에 대해서는 직무를 바꾸거나 다른 기업에 재취업을 할 수 있도록 교육 지원을 제공한다고 합니다. 중장기적으로는 일자리가 얼마나 감소하는지 조사하면서 재정을 지원하겠다고 해요. 하지만 기존에 해 왔던 직업훈련 프로그램과 비슷한 방안이라는 비판이 나오기도 했습니다.[43]

무엇이 '정의로운' 것인지에 대해서는 사람마다, 이익집단마다 견해가 다를 테니 해결책을 찾기가 쉽지는 않습니다. 결국 정의로운 전환에 관한 논의는 우리가 앞으로 어떤 사회에서 살고 싶은가에 대한 고민으로 이어질 수밖에 없어요. 모두가 고개 끄덕일 수 있는 '정의로운 사회'의 모습을 함께 궁리해야 합니다. 기후위기 시대에 정의로운 전환이란 비단 화석연료 산업 분야에서 일하는 사람들만의 문제가 아니기 때문이에요.

탄소중립 시대로의 전환은 현재의 청소년들이 직업을 갖게 될 시점인 2030~2040년에 일어날 일입니다. 그러니 정의로운 전환에서 지켜져야 할 가치는 무엇이고 그때 나는 어떤 일을 하며 살고 싶은지도 고민해 보면 좋겠습니다.

07

지구의 한계 안에서 함께 사는 삶

전 세계인이 우리나라 사람들처럼 생활한다면
지구 3.8개가 필요하다.

"이 상태로는 길게는 제가 할머니가 됐을 때, 짧게는 제가 40대만 돼도 지구 멸망 수준의 기후변화가 나타날 거라 생각해요."[1] 한 초등학생이 기후위기에 대한 불안감이 크다며 한 말입니다. 국내 구호단체의 조사 결과, 청소년의 88.4%가 기후변화가 일상에 미치는 영향을 걱정한다고 답했다고 해요. 최근에는 기후 우울증이나 기후 불안증을 호소하는 사람도 많아지고 있다고 합니다. 기후 우울증이란 기후위기 해결에 더 이상 희망이 없다고 느끼거나, 극심한 기후변화에 대해 불안해하는 증상을 말해요. 여러분도 혹시 기후위기로 우울감을 느끼고 있지는 않나요?

"안녕, 요즘 어때?" "잘 지내지?" 우리는 이렇게 서로의 안부를 묻습니다. '안녕'은 인사말이기도 하지만, 아무 탈이나 걱정이 없이 편안하다(well-being)는 의미이기도 합니다. 행복이나 복지를 뜻하지요. 그렇다면 모두의 행복을 위해서는 무엇이 필요할까요? 기후위기로 내 가족과 친구들, 내가 속한 공동체가 고통을 겪게 된다면 우리는 결코 '안녕'할 수 없겠지요.

다들 알다시피, 지구의 자원은 한정되어 있어요. 가령 전 세계 모든 이가 우리나라 사람처럼 생활한다면 지구 3.8개가 필요하다고 해요.[2] 그만큼 우리가 지구의 자원을 많이 소비하고 있는 거지요. 그럼 어떻게 해야 할까요? 지금부터 하나밖에 없는 지구 안에서 모두가 행복하게 잘 사는 방법을 찾아봅시다.

경제가 성장하는 게 제일일까요?

선진국이 되면 행복할까요?

2021년 6월, 문재인 대통령이 영국에서 열린 G7 정상회의에 참석했습니다. G7 정상회의는 세계 7대 주요 선진국(독일, 미국, 영국, 이탈리아, 일본, 캐나다, 프랑스)의 대통령이 모여 세계경제의 방향과 정책을 논의하는 자리예요. 문재인 대통령이 이 자리에 초청받으면서 한국이 세계적으로 영향력이 큰 국가 중 하나로 인정받았다고 평가되기도 했지요.

1990년대까지 개발도상국이었던 한국은 2021년 '선진국' 대열에 공식적으로 합류했습니다.[3] 한국은 세계 10위 경제 대국[4]으로 세계에서 내로라하는 핸드폰과 자동차를 만드는 글로벌 대기업이 있습니다. 한국에 사는 사람들은 세계 최고 성능의 전자제품과 인터넷을 사용하며, 대량으로 생산하고 대량으로 소비할 수 있는 사회에 살고 있지요. 그래서 우린 정말 이전보다 더 행복해졌을까요?

유엔 산하기관인 지속가능발전해법네트워크(SDSN)는 2012년부터 매년 3월 20일 세계 행복의 날에 '세계 행복 보고서(World Happiness Report)'를 발표하고 있습니다.[5] 국가의 경제 규모와 국민의 기대수명, 복지, 부정부패에 대한 인식, 선택의 자유, 사회의 너그러움(관용, 아량) 등 6개 항목이 평가 기준이에요. 우리나라는 과연 몇 위일까요? 한국의 2020년 순위는 95개 국가 중 50위였습니다. 경제 순위가 세계 10위인 것과 비교하면 매우 저조한 성적표라 할 수 있지요. 행복도 1위는 핀란드였고, 아이슬란드, 덴마크, 스위스, 네덜란드 순이었습니다.[6] 행복지수가 낮은 선진국이 한국만은 아닙니다. GDP(국내총생산) 세계 1위인 미국은 행복 순위로는 14위, GDP 세계 2, 3위인 중국과 일본은 각각 52위와 40위에 머물렀어요.[7] GDP가 높다고 꼭 행복한 건 아니라는 걸 알 수 있습니다.

그런데 한국은 OECD 37개 국가 중에서도 서른다섯 번째로 국가 행복 지수 최하위권이에요. 그리고 노동환경이나 생활환경 측면을 봐도 한국은 OECD 국가 가운데 삶의 질이 낮은 수준인 것으로 나타났습니다. 2019년 기준 한국의 연간 노동시간은 1,967시

세계 행복지수 순위(2019~2021년 평균)

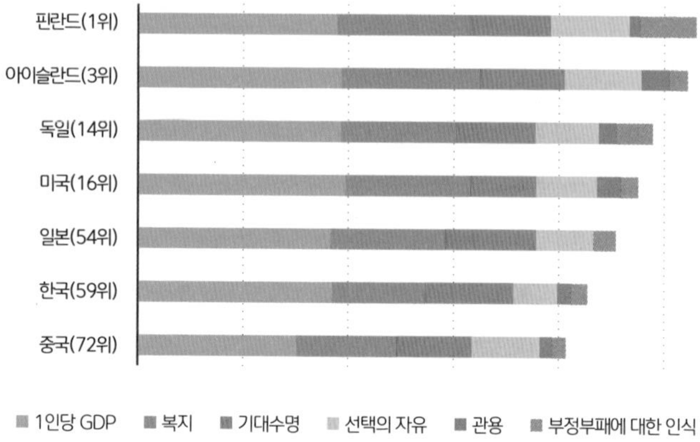

* *World Happiness Report(2022)*

간으로, OECD 회원국 중 멕시코(2,137시간) 다음으로 길었습니다. 한국의 노동자들은 OECD 평균(1,726시간)보다 연간 241시간을 더 일하고 있어요. 또한 2019년 한국의 미세먼지 농도는 27.4㎍/m³로 OECD 회원국 중 가장 높았다고 해요.[8] 나쁜 공기질 등 좋지 못한 생활환경에서 장시간 노동을 하며 살아야 한다면 행복하기 어렵겠지요. 우리나라는 그간 경제적으로는 발전했지만, 어떤 환경에서 어떻게 일하고 살아갈지는 깊이 고민하지 못한 것으로 볼 수 있겠네요.

경제지표가 보여 주지 못하는 것

GDP(Gross Domestic Product)로 계산되는 경제성장은 이제까지 세계 거의 모든 국가의 절대적인 목표였습니다. GDP가 증가하면 삶의 질이 좋아지리라는 믿음이 있었던 것이죠. GDP는 한 나라 안에서 일정 기간 새롭게 생산된 재화와 서비스의 시장가치를 합산한 것이에요.[9] 쉽게 말해 국내에서 1년 동안 새로 만들어 사고팔게 된 상품과 서비스를 모두 합한 겁니다. 많이 생산해서 높은 가격으로 많이 사고팔수록 GDP가 증가하게 되지요.

이제껏 국가들을 순위 매기고 선진국과 개발도상국으로 나눌 때에도 GDP가 주요 기준이 되어 왔습니다. GDP가 큰 나라들끼리 모여 세계적으로 중요한 문제들을 논의하고 결정해 왔지요. GDP는 오직 물질적 부를 설명할 뿐입니다. 그런데도 어째서 GDP가 전 세계 국가들의 지상 최대 목표가 된 것일까요? GDP가 만들어진 역사를 보면 알 수 있습니다.

오늘날 우리가 알고 있는 GDP 개념은 1930년대 미국에서 발생한 대공황을 계기로 만들어졌어요. 1929년 갑작스러운 주가 폭락과 함께 대공황이 시작되었고 이에 은행과 기업은 문을 닫았고 노동자들은 일자리를 잃었어요. 이 상황을 타개하려면 우선 전반적인 경제 상황을 판단할 수 있는 지표가 필요했습니다. 그때까지만 해도 정부가 확인할 수 있는 정보는 주가, 철도 운송량, 철강 생산량 등 따로따로 나뉘어 있는 통계뿐이었거든요.

또 하나의 계기는 1939년 발발한 제2차 세계대전입니다. 각 국가들이 전쟁 비용을 치를 능력이 있는지를 제대로 평가하기 위해 국가의 생산능력 지표를 만들어야 했기 때문이지요.[10] 이에 유엔이 '국민계정체계(SNA, System of National Accounts)'를 처음으로 제정했고, 이후 국제표준으로 확대되었습니다.

이런 과정을 거쳐 GDP는 각 국가들의 경제가 얼마나 발전했는지를 보여주는 핵심 지표로 자리 잡게 되었고, 전 세계적으로 경제분석과 정책결정에 중요하게 활용되고 있어요. 우리나라도 1958년 한국은행이 국민소득통계를 발표하기 시작한 이래, 유엔의 기준에 따라 GDP 등을 통계에 포함하고 있습니다. 하지만 GDP가 기후위기나 환경오염, 사회·경제적 불평등, 여가 및 건강 등 인간의 행복이나 삶의 질을 제대로 반영하지 못한다는 비판이 꾸준히 제기되어 왔어요.[11]

공장에서 대기나 수질을 악화시키는 공해 물질이 방출되면 인근 주민들의 삶의 질이 나빠집니다. 하지만 이런 상황이 GDP에는 반영되지 않습니다. 독감이 유행해 의료비 지출이 늘어나면 국민의 건강 수준이 나빠진 것임에도 불구하고 GDP는 도리어 증가할 수 있지요. 또한 GDP는 시장에서 거래되는 경제활동만 따지기 때문에 자원봉사와 가사노동, 돌봄노동 등은 삶의 질을 높이는 활동

임에도 GDP에 포함되지 않아요. GDP를 통해서는 사회적인 부가 공정하고 정의롭게 분배되고 있는지도 알 수 없습니다. GDP가 경제를 측정하는 데에 활용될 수는 있지만, 우리 삶의 가치나 목표가 될 수는 없고 되어서도 안 되겠지요.

지구가 3.8개 필요한 이유

우리나라는 전 세계에서 아홉 번째로 에너지를 많이 소비합니다. 특히 석유 소비는 7위, 전기 소비도 7위예요.[12] 그리고 에너지 생산에서 화석연료가 차지하는 비중이 81.2%나 됩니다.(2020년 기준)[13] 반면 태양광이나 풍력 등 재생에너지가 차지하는 비중은 2.3%에 그치면서[14] OECD에 가입된 유럽과 미국, 캐나다 등 36개 조사 대상 국가 가운데 '꼴찌'를 차지했어요. 이렇다 보니 한국은 2017년 기준으로 전 세계에서 열한 번째로 온실가스를 많이 배출하는 국가입니다.[15] 한국은 GDP로는 세계 10위이면서 에너지소비는 9위, 온실가스 배출은 11위이니, 에너지 과소비 국가이자 온실가스 다배출 국가라고 할 수 있겠네요. 만약 지구 위의 모든 나라 사람이 한국인처럼 자원을 쓰며 살려면 지구가 3.8개 필요하다고 합니다.

지구생태발자국네트워크(Global Footprint Network)는 매년 '지구 생태 용량 초과의 날'을 발표하고 있어요. 이는 인류의 생태발자국이 지구가 감당할 수 있는 생태 용량을 넘어서는 시점을 말합니다. '생태발자국(ecological footprint)'이란 인간이 소비한 물질을 자연이 다시 만들어 내기 위해 필요한 토지 면적을 의미합니다. 여기에는 한 사람이 먹는 식량을 생산하는 데 필요한 농토, 이용하는 도로, 거주지, 일터 등 면적이 모두 포함되며 숲의 면적도 함께 계산해요. 한 사람이 에너지를 소비하느라 배출한 온실가스를 다시 흡수하는 숲의 역할도 계산에 넣는 것이지요. 즉, 생태발자국은 자연이 인간의 흔적을 소화하고 본래 상태로 회복하는 데 필요한 시간과 물질을 보여 주는 것입니다.[16] 옷을 자주 사고 육류를 즐겨 먹고 큰 자동차를 타고 많이 이동할수록, 큰 집에 살며 에너지를 많이 소비하고 쓰레기를 많이 버릴수록 생태발자국은 커지겠죠.

2021년 지구 생태 용량 초과의 날은 7월 29일이었어요.[17] 1년 365일 동안 사용할 자원을 209일 만에 모두 써 버렸다는 뜻이지요. 결국 156일은 미래세대가 사용할 자원을 당겨 쓴 겁니다. 199쪽의 그림을 보면, 많은 국가가 3~5월에 이미 1년간 사용할 자원을 모두 써버렸다는 사실을 알 수 있어요. 전 세계 인류가 지금과 같은 삶을 지속한다면 지구가 1.7개 필요합니다.

한편 우리나라의 생태 용량 초과의 날은 4월 5일로 세계에서 여덟 번째로 빨랐어요. 우리나라 사람들은 1년 동안 사용할 자원을

2021년 국가별 지구 생태 용량 초과의 날

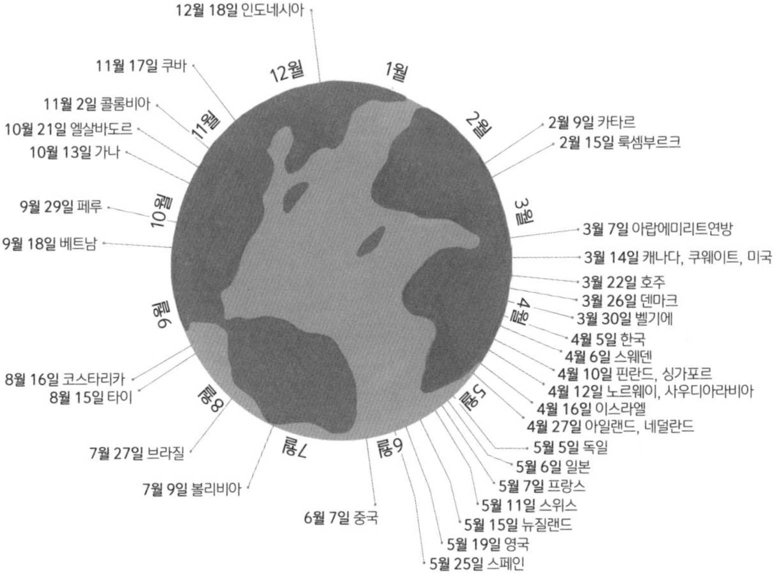

** 자료: 지구생태발자국네트워크*

94일 만에 다 써 버린 셈입니다.

우리가 거리낌 없이 생산하고 소비하며 보내는 일상이 이처럼 어마어마한 영향을 지구에 끼치고 있습니다. 한정된 자원을 무한한 것처럼 생각하고 마구 써 버린 결과이지요. 이제는 탄소 예산(carbon budget)도 별로 남아 있지 않습니다. 탄소 예산은 지구 평균온도 상승이 목표치(1.5℃)를 넘어서지 않는 한도 내에서 앞으로 인류가 배출할 수 있는 온실가스 배출 총량을 말합니다.

2021년 발표된 IPCC 제6차 보고서는 2020년 이후 남아 있는 탄소 예산을 400GtCO_2로 추정했어요. '글로벌카본프로젝트(GCP)'에 따르면,[18] 세계 이산화탄소 배출량은 2020년 34GtCO_2, 2021년에는 36GtCO_2였습니다. 그럼 2022년 현재 탄소 예산은 약 330GtCO_2밖에 남지 않게 되겠지요. 인류가 현재와 같은 수준으로 매년 이산화탄소를 배출하면 앞으로 10년 안에 탄소 예산을 모두 써 버리게 되는 것입니다. 지구가 더는 버틸 수 없는 한계점이 다가오고 있습니다. 이제는 정말 우리가 남기는 흔적에 대해 고민하고 삶의 양식을 바꾸어 나가야 할 시점입니다.

모두의 행복을 위한 유일한 길, 탈성장

새로운 시대엔 새로운 가치와 목표가 필요해요

불평등이 심해지고 기후위기가 현실이 되어 가지만, GDP는 이러한 변화를 담아내지 못하고 있습니다. 코로나19 팬데믹을 겪으면서 이 점을 더욱 절실하게 느끼고 있지요. 물론 GDP가 아닌 새로운 목표를 세우려는 노력이 없었던 것은 아닙니다. 지난 수십 년 동안 수많은 경제학자와 연구기관, NGO는 GDP가 정책결정에 미치는 영향을 제한할 것을 요구했고, 이를 수용한 국제기구들과 몇몇 국가가 여러 대안 지표를 만들어 제안했었어요.

유엔개발계획(UNDP)은 1990년 '인간개발지수(HDI, Human Development Index)'를 제시했습니다. HDI는 국가별 사회 진보 수준과 삶의 조건을 비교하기 위해 GDP뿐 아니라 국민의 평균수명과 건강, 일자리, 교육 등 다양한 요소를 종합적으로 평가해요. 2007년에는 유럽위원회, 유럽의회, 로마클럽•, OECD 대표들이 모여 'GDP를 넘어(Beyond GDP)'라는 목표로 국가의 성장과 복지를 종합적으로 측정하는 방법을 논의하기 시작했습니다.

최근 GDP에 대한 비판이 더욱 거세지며 새로운 지표에 대한 논의가 재등장했어요. 2020년 10월, 세계경제포럼(WEF)••은 GDP가 디지털 활동과 돌봄노동, 환경 착취 등의 요소를 반영하도록 개선되어야 하며, 새로운 지표는 번영, 지구, 사람, 제도 등 4가지 측면을 고려해 만들어져야 한다고 주장했습니다.

2019년 뉴질랜드는 국가의 목표를 '성장'이 아닌 '행복'으로 정하고 '행복 예산(Wellbeing Budget)' 제도를 시행한다고 공식 발표했는데요. 저신다 아던 뉴질랜드 총리는 "GDP 증가가 경제활동의 질을 반영하지 못할뿐더러, 경쟁에서 낙오하거나 뒤처진 사람들을 배려하지 못한다"라며 정책 추진의 이유를 밝혔습니다.[19] 뉴질랜드 정부는 정신건강과 아동 빈곤, 가정폭력 같은 문제를 해결하

• 과학기술의 진보와 이에 따르는 인류의 위기를 분석하여 대책을 세우는 것을 목적으로 하는 국제 민간단체.

•• 저명한 기업인, 학자, 정치가, 언론인 등이 모여 세계경제에 대하여 논의하고 연구하는 국제 민간 회의다.

는 것을 정책의 최우선 과제로 삼겠다고 하네요. 뉴질랜드보다 앞서 행복을 국가의 정책목표로 정한 나라도 있어요. 히말라야의 작은 나라 부탄이 대표적입니다. 부탄은 행복이 국가의 정책목표로서 헌법에 명시되어 있고, GDP를 대체하는 국민총행복(GNH, Gross National Happiness) 개념을 1998년부터 도입해 왔어요.

GDP는 정치적입니다. GDP를 기준으로 국가 경제정책의 성공과 실패가 평가되고 정치 지도자가 바뀌는 데도 이 지표가 적지 않은 영향을 미치기도 해요. 앞서 보았듯 GDP가 탄생한 배경도 정치적이었지요. 대공황과 제2차 세계대전으로 인해 생산 증대를 통한 양적 경제성장이 최고의 가치로 받아들여지던 시대상이 반영된 것이니까요. 코로나19와 기후위기, 불평등 문제 등을 해결해야 하는 오늘날에는 맞지 않는 가치와 목표예요. 그리고 탄소중립이라는 현재 가장 시급한 과제와도 맞지 않습니다. 새로운 시대엔 새로운 가치와 목표가 필요합니다.

탈성장이 말하고자 하는 것

2018년, 과학자 238명이 유럽의회에 GDP 성장을 포기하는 대신 인간의 행복과 생태적 안정성에 집중하라고 요구했어요.[20] 2019년에는 153개 국가에서 1만 1,000명 이상의 과학자가 세계 각국 정부에 "GDP 성장과 과잉에서 벗어나 생태계를 지속가능하게 하고 좋은 삶을 증진하는 방향으로 전환하라"라고 요구하는 논문을 발표하기도 했습니다.[21] 또한 과학자들은 생태계 붕괴를 되돌리고 지구 평균온도 상승을 1.5℃ 또는 2℃ 이하로 유지하기 위한 유일한 방법은 고소득 국가들이 대량생산과 대량소비를 최대한 억제하는 것임을 분명하게 말하고 있어요. 우리나라도 예외는 아니겠지요.

탈성장은 에너지와 자원의 과도한 사용을 줄이고 경제 규모를 축소하면서도 더 잘사는 방법을 찾기 위한 시도입니다. 이 과정이 지속가능하고 평등해야 함은 물론이고요. 쉽게 말해 탈성장의 목표는 성장 없이도 좋은 삶을 유지하는 것입니다.[22] 단지 GDP를 줄이는 게 아니라 전적으로 다른 경제, 즉 애초에 성장이 필요 없는 경제로의 전환을 의미합니다.[23]

경제 모든 부문이 언제나 성장해야 한다고 생각하는 대신 이렇게 접근해 볼 수 있습니다. 계속 성장하고 확대되어야 하는 부분, 줄여 나가야 하는 부분을 생각해 보는 것이지요. 예를 들어 대중교통, 재생에너지, 저렴한 공공주택 등은 더 확산될수록 좋은 것이니 늘려 가기로 결정할 수 있습니다. 반면 호화주택, 내연기관 SUV, 공장식 축산 소고기, 개인 전용기, 패스트패션, 군비 등은 꼭 필요한 것이 아니니 적극적으로 줄여 나간다면 좋겠죠. 또한 더

많은 상품을 더 짧은 기간 내에 판매하기 위해 제품의 질을 고의적으로 떨어뜨려 단기간에 고장 나게 만드는 기업의 행위, 무절제한 소비를 자극하는 광고 등 그저 이익만 따지는 경제 부문을 축소할 수 있습니다.

이제 무엇을 생산하고 그것을 어떻게 분배할지에 보다 깊은 관심을 쏟아야 합니다. 우리가 생산하는 게 초호화 호텔인지 아니면 모두를 위한 병원인지, 전쟁 무기인지 아니면 무상교육 서비스인지, 스포츠카인지 아니면 대중교통인지가 중요한 것이죠. 그리고 국가의 소득이 노동자와 가난한 사람들에게 전해져 그들이 필요한 물건을 살 수 있게 돕는지, 아니면 이미 부유한 이들이 호화로운 삶을 유지하는 데 쓰이는지에 따라 우리의 미래는 달라질 겁니다.

이러한 접근은 국제적 시각에서도 필요합니다. 지금도 가난한 나라에 사는 사람들은 절대적 빈곤에서 벗어나지 못하고 있지요. 빈국은 여전히 발전이 필요한 상황이고 이를 위한 국제적 지원이 필요합니다. 그리고 그로 인한 에너지소비와 온실가스 배출은 어느 정도 인정해야겠지요. 대신 우리나라와 같은 선진국에서 불필요한 생산과 소비를 줄여야 합니다. 기후위기에 대한 책임이 큰 나라에서 살아가는 우리 스스로 어떤 것이 '좋은 삶'인지 고민해야 해요.

좋은 삶의 기준을 새롭게

좋은 삶이란 무엇일까요? 열심히 공부해 좋은 대학을 가고, 좋은 직업을 얻어 돈을 많이 벌고, 사고 싶은 것을 마음껏 사는 삶이 좋은 걸까요? 그렇다면 모든 사람이 돈을 많이 벌어 과소비할 수 있는 사회가 좋은 사회일까요? 아니면 적당히 소유하고 더 많이 나누는 행복을 누리며 사는 게 좋은 삶에 더 가까울까요?

답하기가 쉽지 않은 질문입니다만, 삶의 목표가 돈이 아니라 삶 그 자체인 사람, 또 경제성장이 아닌 국민의 행복이 목표인 나라가 '좋은 삶'에 가깝지 않을까요? 과도한 생산과 소비에 모든 것을 걸기보다 기본적인 생활수준을 유지할 정도의 경제활동만 한다면 어떨까요? 호화롭지 않아도 친구, 가족과 도우며 함께 행복할 수 있다면 그것으로 충분하지 않을까요? '함께'라는 범위를 보다 넓힐 수 있다면 더 좋겠지요.

혹시 '사회적경제(social economy)'라는 말을 들어 본 적 있나요? 사회적경제는 공동체의 이익이라는 사회적 가치를 실현하기 위해 민주적으로 운영되는 경제활동 조직의 집합을 의미합니다.[24] 말이 좀 어렵나요? 우리가 일반적으로 생각하는 경제가 성장과 이윤만을 추구한다면, 사회적경제는 공동체의 이익과 사회적 가치를 실현하는 것을 주요한 목적으로 삼습니다.

우리나라에서는 1945년 해방 이후 신용협동조합, 생산자 및 소비자협동조합의 형태로 자생적으로 만들어졌다고 해요.[25] 지금처럼 동네마다 은행이나 마트가 없던 시설, 오늘날에도 우리가 이용하고 있는 신협이나 농협이 생겨났습니다. 국민건강보험제도가 전국적으로 시행되기 전에는 각 지역 단위로 의료협동조합이 만들어져 서민들의 든든한 버팀목이 되었다고 합니다. 함께 사는 좋은 삶이 우리 역사 속에서 오래전부터 존재해 왔네요.

사회적기업(social enterprise)이나 협동조합(cooperatives)도 사회적 경제에 포함됩니다. 사회적기업은 취약계층에게 서비스나 일자리를 제공하거나 지역주민의 삶의 질을 높이는 등 사회적 목적을 추구하며 영업활동을 하는 기업입니다. 우리 주변에서 흔히 볼 수 있는 '아름다운 가게'가 대표적 사회적기업이에요. 2002년 서울 안국동에 1호점을 오픈한 것을 시작으로 현재 전국 110여 개 매장을 운영하며 자원재순환과 나눔을 실천하고 있습니다.

현재 우리나라에는 2,700여 개의 사회적기업이 있다고 해요.(2020년 기준)[26] 또 사회적기업에서 일하는 사람들이 약 5만 4,000명이고, 이 중 취약계층이 약 3만 3,000명이라고 합니다. 사회적기업이 장애인, 경력단절여성, 고령자 등 일자리를 구하기 어려웠던 이들에게 질 좋은 일자리를 제공하는 중요한 역할을 하고 있는 것이에요. 사회적기업의 종류도 문화·예술, 청소, 교육, 사회·복지, 환경, 간병·가사 지원 등으로 다양해지고 있다고 합니다.

협동조합도 다양한 분야에서 성공적으로 운영되고 있다고 해요.[27] 앞서 살펴봤듯이 우리나라에는 농협(농업협동조합), 축협(축산업협동조합) 등 다양한 생산자협동조합이 있습니다. 또 농촌의 농부와 도시의 소비자를 연결해 안전하고 건강한 먹거리를 생산하고 소비하는 생활협동조합도 있습니다. '한살림', '아이쿱생협', '두레생협'이 대표적입니다. 최근에는 이런 생협 매장들을 쉽게 찾아볼 수 있습니다.

또 5장에서 살펴봤던 에너지협동조합도 사회적경제에 포함되지요. 시민들이 돈을 모아 공공기관이나 학교 등에 태양광발전소를 설치하고 그곳에서 생산한 전기를 팔아 수익을 나누어 갖거나 또 다른 태양광발전소에 투자합니다. 안전하고 깨끗한 에너지를 시민들이 직접 만들어 사용하는 것이지요. 전국시민발전협동조합연합회에 따르면, 현재 전국에 61개의 시민협동조합이 있고, 태양광발전소는 152개가 운영 중이라고 합니다.

이 밖에도 주거 문제를 해결하기 위한 협동조합, 시민의 건강한 삶을 위한 의료협동조합 등 우리 삶과 밀접한 문제를 함께 고민하는 여러 형태의 협동조합이 있습니다. 혹시 이러한 사회적경제나 협동조합을 일상에서 경험해 본 적이 있나요? 많지는 않을 겁니다. 꾸준히 늘고 있는 추세이지만, 아직 그 수가 부족한 게 현실이니까요. 하지만 함께 사는 좋은 삶, 이윤 추구만 목적으로 하지 않는 경제활동이 아주 멀리 있거나 낯선 일이 아니라는 사실이 중요합니다. 우리가 조금만 더 노력하면 함께 좋은 삶을 만들어 갈 수 있겠지요?

함께 만드는 좋은 삶

기후 소송, 우리 삶을 지키라는 선언

2021년 2월 3일 프랑스 법원은 "국가가 온실가스 감축 약속을 이행하지 않았다면 피해에 대한 배상책임을 져야 한다"라고 판결했어요. 그린피스 프랑스, 옥스팜 프랑스 등 4개 환경단체가 프랑스 정부를 상대로 제기한 소송에서 정부의 배상책임을 인정하고 청구된 1유로(약 1,300원)를 지급하라고 판결한 것입니다.[28] 환경단체가 상징적 의미로 1유로를 청구했을 뿐 사실 이번 판결의 가치는 훨씬 크다고 할 수 있어요. 미국과 네덜란드, 덴마크, 스위스, 영국, 캐나다 등에서도 청소년과 농부 들이 기후변화에 대한 정부의 책임을 묻는 소송을 제기해 일부 승소 판결을 받았습니다. 독일의

청소년기후행동 활동가들이 정부를 상대로 헌법소원을 청구했다.

연방헌법재판소도 2021년 4월 독일 연방기후보호법이 미래세대의 권리를 제한하므로 일부 조항을 헌법에 맞게 개정해야 한다고 판결했지요.[29]

2020년 봄, 우리나라 청소년들도 정부의 소극적인 기후위기 대응 정책 때문에 청소년들의 헌법적 권리가 침해당했다며 헌법재판소에 헌법소원을 청구했어요. 이들은 그 전까지 주말 행동과 결석 시위를 벌이고 관련 부서에 서한을 발송하는 등 많은 시도를 했지만, 정부의 미온적 태도에 변화가 없음을 깨닫고 정부에 책임을 묻게 되었다고 합니다. 정부와 정책결정권자들의 경각심을 일

깨운다는 목표도 있음을 밝혔습니다. 청소년기후행동의 원고 19명은 한국 정부가 정한 감축목표와 실제 행동이 워낙 부실해 헌법에서 보장한 "생명권과 행복추구권, 정상적인 환경에서 살아갈 환경권 등을 심각하게 훼손"할 것이라고 주장했습니다.

이들의 행동은 기후변화를 인권의 문제로 봐야 한다는 뜻이 담겨 있어요. 이는 기후위기 피해를 더 이상 천재(天災)에 의한 불운으로 보지 않고 인재(人災)에 의한 불의로 보겠다는 뜻이지요. 보통의 인권침해 사건에서 우리는 불의한 가해자에게 분노하며 책임을 묻습니다. 이와 마찬가지로 탄소 배출이 생명권, 건강권, 주거권 등 개인의 권리를 위협한다면, 그리고 기후변화에 책임이 적은 이들이 가장 큰 피해를 입는 불평등한 상황이라면, 그 책임을 국가와 기업에 적극적으로 물어야 합니다.[30]

모두를 위한 기후정치

청소년기후행동은 2021년 8월 기후위기에 맞서는 정치를 요구하며 각 대선 후보들에게 기후위기 정책 제안서를 전달했어요.[31] 첫 번째 제안은 한국의 2030년 온실가스 감축목표를 2017년 대비 70%로 높여야 한다는 것입니다. 정부가 현재 설정해 놓은 감축목표는 지구 평균온도 상승을 1.5℃ 이하로 막기에는 부족하고, 한국의 국제적이고 역사적인 책임과 경제 역량을 고려할 때 더 과감한 목표를 세워야 한다는 겁니다.

두 번째 제안은 석탄발전소를 2030년까지 단계적으로 퇴출하라는 것이며, 세 번째 제안으로 2030년 재생에너지 발전 비중을 50%로 높일 것을 촉구했어요. 마지막 네 번째 제안은 기후정의에 입각한 전환 정책입니다. 기후위기 대응과 에너지전환 과정에서 피해를 입는 사람들이 기후 정책을 만들 때 참여할 수 있어야 한다는 것입니다. 석탄발전과 자동차산업 등에 종사하는 노동자와 지역주민, 농민, 여성, 장애인, 청(소)년 등이 탄소중립 정책을 함께 논의하고 결정해야 한다는 것이죠. 여러분은 어떻게 생각하나요? 청소년기후행동의 제안에 함께하고 싶은가요?

2021년 12월 1일 서울 동작구의 성남고등학교에서 특별한 수업이 열렸습니다. 바로 기후위기 수업이었어요.[32] 이날 성남고의 1, 2학년 학생 662명이 참여해 기후위기에 대해 공부하고, 그 내용을 바탕으로 대선 후보에게 정책을 제안하는 활동을 했습니다. 기후위기 수업을 이끈 강사들은 에너지자립마을로 잘 알려진 동작구 성대골 마을의 마을닷살림협동조합에서 활동하는 분들이었다고 해요.

학생들은 기후위기 대응 정책을 만들기 위해 치열하게 토론했어요. 내연기관차를 2035년까지 퇴출하고, 그 이후에는 건당 1억

원의 벌금을 기업에 부과하자는 정책부터 재생에너지로의 전환까지 열띤 논쟁이 오갔다고 합니다. 학생들이 가장 관심을 보인 분야는 수송 분야였는데, '내연기관차를 퇴출하고, 전기·수소차를 활성화하자', '자전거도로를 확대하자' 등의 공약이 전체 295개 공약 중 105개를 차지했다고 합니다. 제주도를 제외한 국내선 항공편을 폐지하자, 불필요한 공항을 없애자는 제안도 있었고요. 석탄화력발전소를 없애고 2028년까지 전체 에너지사용량의 30%, 2040년까지 80%를 재생에너지로 사용하자는 정책을 낸 학생도 있었습니다. 학생들이 제안한 정책은 마을닷살림협동조합을 통해 제20대 대통령선거 후보들에게 전달되기도 했어요. 정책결정권자들이 기후위기 대응에 주저하는 사이 단호한 실천을 요구한 것입니다.

좋은 삶을 질문하고 나누기

정치적 변화를 추진하는 이유는 좋은 삶을 위해서입니다. 그런데 좋은 삶이란 뭘까요? 이에 대한 답이 없으면 무엇을 바꿔야 할지도 알기 어렵습니다. 하지만 학교에서는 좋은 삶이 무엇인지 가르쳐 주지 않았고, 질문할 기회조차 없었지요. 이른바 일류대학에 가는 게 가장 중요한 목표라고 말하는 것 같습니다. 일류대학에 가겠다는 목표가 나쁜 것은 아닙니다. 다만 그게 삶의 목적이 되어서는 안 되겠지요.

그런데 막상 좋은 삶이 어떤 것인지 생각하려고 하면 막막해요. 기후위기가 심각하고 불평등도 날로 심해지고 있다는 사실, 경제성장이 행복을 가져다주는 게 아니라는 사실도 알겠는데, 그래서 어떻게 해야 하는지는 여전히 막연합니다.

질문을 좀 더 구체적으로 던져 보면 어떨까요? 지구를 위해 나는 무슨 옷을 입지? 무엇을 좀 덜 먹거나 먹지 않아야 하지? 어떤 교통수단으로 이동하고 여행은 어떤 방식으로 해야 하지? 내가 사는 집과 동네에서 바꿀 수 있는 건 무엇일까? 나는 앞으로 어떤 직업을 갖고 살아가지? 어떤가요? 좋은 삶을 위해 당장 시도해 볼 수 있는 작은 실천이나 방향이 조금 보이지 않나요?

혹시 기본소득, 지역화폐, 지역 은행, 사회연대은행, 사회주택, 공동 주거, 도시농부, 옥상텃밭, 공동 텃밭, 지역 먹거리장터, 공정무역 등에 대해 들어 보았거나 경험해 본 적이 있나요? 이것들은 우리 주변에 이미 존재하는, 좋은 삶을 위한 대안입니다. 더 알고 싶다는 궁금증이 드는 이런 것부터 하나하나 찾아보고 공부해 보면 어떨까요? 어쩌면 여러분의 고민에 작은 해답을 가져다줄지도 모르니까요.

그리고 그 여정을 함께할 좋은 친구나 동료, 어른이 있는지 주위를 한번 둘러보세요. 고민을 나눌 사람을 만난다면 더 용기 있게 변화의 발자국을 내딛을 수 있을 겁니다. 마지막으로 좋은 삶의 모습을 그리는 데 참고가 될 홍태희 교수님의 글을 소개하며 마무리하려 합니다. 여러분이 이 책을 읽고 생겨나는 궁금증을 같이 나눌 사람이 곁에 있기를, 그리고 이 책이 좋은 삶을 찾아 나가는 데에 조금이나마 도움이 되기를 바랍니다.

"생활협동조합의 회원으로 활동하고, 플라스틱 사용을 조금 줄이는 것을 통해, 집집마다 상추를 심을 작은 텃밭을 가꾸는 작은 실천을 통해, 유행 지난 옷을 다시 입고, 새 옷을 구입할 돈을 더 힘든 이들에게 보내는 손길로부터, 가장 배고픈 사람에게 밥을 먼저 퍼 주는 것이 살림을 잘하는 것이라는 일상의 교훈을 바탕으로 경제문제를 바라보는 변화를 통해 먼 미래는 현재가 되고, 우리는 아마 조금씩 더 행복해질 것이다."[33]

주

01 뜨거워지는 지구, 변화하는 기후

1 기상청, 보도자료 〈기후위기 대응을 위한 시간, 얼마 남지 않았다〉, 2021. 8. 9; IPCC, *Climate Change 2021: The Physical Science Basis–Summary for Policymakers*, 2021.

2 IPCC, *Climate Change 2021: The Physical Science Basis–Summary for Policymakers*, 2021.

3 〈https://ourworldindata.org/emissions-by-sector〉.

4 〈https://ourworldindata.org/greenhouse-gas-emissions〉.

5 〈https://ourworldindata.org/co2-emissions〉.

6 CLIMATE WATCH〈https://www.climatewatchdata.org/ghg-emissions?breakBy=gas&chartType=area〉.

7 〈https://ourworldindata.org/global-energy-200-years〉.

8 BP, *Statistical Review of World Energy 2021*, p.11

9 〈지난해 대기중 온실가스 농도, 경제활동 둔화에도 '사상 최고치'〉, 《경향신문》, 2021.10.26; WMO, *State of Global Climate 2021: WMO Provisional report*, 2021.

10 위의 기사.

11 위의 기사.

12 온실가스종합정보센터, 〈2020 국가 온실가스 인벤토리 보고서〉, 2020, 2-9쪽 〈http://www.gir.go.kr/home/main.do〉.

13 온실가스종합정보센터, 위의 자료, 2-1쪽.

14 국립기상과학원, 〈지구대기감시보고서 특별판〉, 2021, 46쪽.

15 기상청 기후정보포털 〈http://www.climate.go.kr/home/〉에서 해당 보고서의 국문 번역본을 찾아볼 수 있다.(기후정보포털〉열린마당〉발간물〉IPCC 보고서).

16 〈잠자고 있던 치명적 바이러스 깨운다… 시베리아 동토의 배신〉, 《중앙일보》, 2020. 9. 23.

17 〈해수면 상승에 국토가 바다 아래로… 투발루 외무 장관 '수중 연설'〉, 《한겨레》, 2021. 11. 10.

18 〈기후재앙 투발루 장관 수중연설… "물에 잠겨도 국가 인정받나요"〉, 《연합뉴스》, 2021. 11. 10.
19 IPCC, *Climate Change and Land-Summary for Policymakers*, 2019.
20 World Bank, *Groundswell Part 2: Acting on Internal Climate Migration*, 2021, p.80〈http://hdl.handle.net/10986/36248〉.
21 IEP, *Ecological Threat Report 2021: Understanding Ecological Threats, Resilience and Peace*, 2021.
22 IPBES, *The global assessment report on Biodiversity and Ecosystem services-Summary for Policymakers*, 2019.
23 조천호, 《파란하늘 빨간지구》, 동아시아, 2019, 202쪽.
24 UNEP, *Emissions Gap Report 2020*, p.63.
25 권승문, 〈기후변화와 건강: 누가 폭염으로 숨지는가〉, 《2018시민건강실록》, 시민건강연구소, 2018, 75쪽; 권승문, 〈기후위기는 평등하지 않다〉, 《인권》 통권 130호, 국가인권위원회, 2020, 16쪽 참조.
26 김민주·김수린·김창훈, 〈전 세계 탄소중립 선언 동향 및 평가〉, 《세계 에너지시장 인사이트》(제21-21호), 에너지경제연구원, 2021. 11. 1, 1~3쪽.
27 2050 탄소중립 시나리오는 탄소중립위원회 홈페이지에서 확인할 수 있다 〈http://www.2050cnc.go.kr/base/main/view〉.
28 김현우, 《정의로운 전환》, 나름북스, 2014, 28쪽.

02 더욱 빠르게 지구를 녹이는 패스트패션

1 DMC리포트, 〈인터넷 쇼핑 행태 및 구매 여정별 접점 분석 보고서〉, 2021.
2 UNECE, "Fashion and the SDGs: what role for the UN?", 2018〈https://unece.org/DAM/RCM_Website/RFSD_2018_Side_event_sustainable_fashion.pdf〉.
3 한국화학섬유협회, 〈지속가능한 섬유소재 시장 현황〉, 2020〈http://kcfa.or.kr/bbs/board.php?bo_table=info&wr_id=8123&page=18&device=pc〉.
4 〈버려지는 330억 벌의 옷은 어디로 갈까… KBS2 '환경스페셜'〉, 《경향신문》, 2021. 6. 30.
5 환경부·한국환경공단, 〈2019년도 전국 폐기물 발생 및 처리현황〉, 2020, 53쪽.
6 〈KBS 환경스페셜 옷을 위한 지구는 없다〉(2021. 7. 1. 방송)에서 재인용. BACI, "Product trade by year and country"(2019년 기준).

7 〈미-동아프리카, 재활용 의류 둘러싼 보호무역주의 한판 대결〉, 《연합뉴스》, 2017. 10. 13.

8 〈누가 내 옷을 만들었나〉, 《지구인 패션쇼》, 작은것이 아름답다 263호, 2018, 17쪽.

9 〈세계 최강 미국, 아프리카 약소국 '손목 비틀기'〉, 《주간경향》, 2018. 6. 4.

10 〈KBS 환경스페셜 옷을 위한 지구는 없다〉(2021. 7. 1. 방송)에서 재인용. BACI, "Product trade by year and country"(2019년 기준).

11 한국화학섬유협회, 위의 자료.

12 스탠드어스 홈페이지〈https://fashion.stand.earth/〉.

13 〈내가 입은 셔츠, 블라우스가 북극해에서 미세플라스틱으로 쌓인다〉, 《한겨레》, 2021. 1. 13.

14 IUCN, *Primary Microplastics in the Oceans*, 2017.

15 〈당신은 매주 신용카드 1장 분량 미세플라스틱을 먹고 있다〉, 《중앙일보》, 2019. 6. 12.

16 〈[팩트체크]미세플라스틱, 인체에 어떤 영향을 미칠까?〉, 《노컷뉴스》, 2019. 6. 5.

17 〈옷을 빨고, 음식을 먹을 때도… 우린 '미세플라스틱' 피해자이자 가해자〉, 《경향신문》, 2021. 1. 22.

18 UNECE, 위의 자료.

19 〈방글라데시 '라나플라자' 의류공장 붕괴사고, 3년 만에 책임자들 기소〉, 《경향신문》, 2016. 7. 19.

20 〈[글로벌인사이드]방글라데시 눈물의 가죽생산, 독성 화학물질 노출 위험↑〉, 《MBC 뉴스》, 2017. 4. 11.

21 패션레볼루션 홈페이지〈https://www.fashionrevolution.org/〉.

22 Mwinyikione Mwinyihija, "Emerging world leather trends and continental shifts on leather and leather goods production", *Asia-Pacific Journal of Business Administration* 1(1):001-013, January 2014.

23 스탠드어스 홈페이지〈https://fashion.stand.earth/〉.

24 〈옷을 재활용하기 어려운 까닭〉, 《BBC NEWS 코리아》, 2020. 7. 19.

25 UNECE, 위의 자료.

26 UNECE, 위의 자료.

27 로즈 마카리오, 〈망가진 옷을 고쳐 입는 것은 자연을 지키기 위한 급진적인 행동입니다〉, 2015〈http://www.patagonia.co.kr/m2/inside/wornwear.php〉.

03 먹는 것은 더 이상 사적인 문제가 아니다

1 〈https://ourworldindata.org/environmental-impacts-of-food〉.

2 UNEP, *UNEP Food Waste Index Report 2021*, 2021, p. 8.

3 Worldometer〈https://www.worldometers.info/world-population/#table-historical〉.

4 FAO, "The State of the World's Land and Water Resources for food and agriculture", 2021. p. xi.

5 〈호프 자런 "넘치는 식량, 이제 공평한 분배 생각할 때"〉, 《경향신문》, 2021. 6. 23.

6 OECD · FAO, *OECD-FAO Agricultural Outlook 2020-2029*, 2020, p. 27.

7 이정미, 〈세계 최고의 소 와규/세계의 소/도축 Q&A〉, 《나라경제》 Vol. 211, 2008. 6.

8 〈배합사료값 인상… 한 해 시작하는 축산농가 표정〉, 《한국농어민신문》, 2013. 1. 16.

9 통계청, 가축동향조사, 2021. 7 〈https://kosis.kr/statHtml/statHtml.do?orgId=101&tblId=DT_2KAA409〉.

10 〈온난화 진짜 주범 '메탄'… "2030년까지 30% 감축"〉, 《경향신문》, 2021. 10. 25.

11 환경부, 보도자료 〈지구촌 기후위기 대응을 위한 메탄 감축 노력에 동참〉, 2021. 10. 25.

12 통계청, 보도자료 〈통계로 본 축산업 구조변화〉, 2020. 12. 4.

13 FAO(2020)〈https://ourworldindata.org/grapher/global-meat-production〉.

14 〈논밭 태울 때 나오는 블랙카본 온난화 영향, 이산화탄소의 1500배〉, 《경향신문》, 2021. 8. 22.

15 FAO(2019)〈https://ourworldindata.org/environmental-impacts-of-food〉.

16 한국농촌경제연구원, 〈2020 식품소비행태조사 통계보고서〉, 2020. 12, 615쪽.

17 현대경제연구원, 보도자료 〈국내 커피산업 약 7조 원 규모로 성장!〉, 2019. 7. 12.

18 〈심각한 기후위기, 커피 맛도 달라진다〉, 《리얼푸드》, 2021. 11. 4.

19 〈'커피 왕국' 브라질, 290년 만에 원두 수입한다〉, 《중앙일보》, 2017. 2. 22.

20 시어도어 C. 듀머스, 《내일은 못 먹을지도 몰라》, 정미진 옮김, 롤러코스터, 2021, 105쪽.

21 〈실험실 초콜릿은 왜 완벽한 대안이 아닌가〉, 《시사IN》 724호, 2021, 50쪽.

22 〈1초에 원자폭탄 5개 폭발열 수준… 바닷물 온도 사상 최고〉, 《한겨레》, 2021. 1. 14.

23 〈바다의 온실가스 제거 능력은 과대평가? 과소평가?〉, 《한겨레》, 2020. 5. 3.

24 국립해양조사원, 보도자료 〈2100년, 우리나라 주변 해역 해수면 73cm 높아질 수도〉, 2021. 1. 25.

25 김추령, 《내일 지구》, 빨간소금, 2021, 96쪽.

26 〈대서양 해류 약화 매우 심각〉, 《사이언스타임즈》, 2018. 4. 12.

27 〈바다를 알면 기후가 보인다〉, 《주간동아》, 2004. 6. 25.
28 〈뛰놀던 동해바다로, 명태 돌아올까?〉, 《한겨레》, 2018. 11. 9.
29 〈술꾼 '노가리 사랑'에 씨 마른 명태, 이젠 못 잡는다〉, 《한국경제》, 2019. 1. 15.
30 〈한국 바다 수온 상승폭, 세계 평균의 2.5배〉, 《한겨레》, 2019. 10. 15.
31 〈아열대화하는 연안 바다, '독성 플랑크톤' 위험〉, 《사이언스타임즈》, 2018. 9. 12.
32 한국해양수산개발원, 〈파리협정 이행을 위한 해양수산분야 기후변화 대응전략〉, 2020, 11쪽.
33 〈'바다 사막화' 급속 확산 "동해 이어 서남해까지"〉, 《연합뉴스》, 2016. 10. 30.
34 환경부, 〈2019년도 전국 폐기물 발생 및 처리 현황〉, 2020, 23쪽.
35 Kaza, Silpa, Lisa Yao, Perinaz Bhada-Tata, and Frank Van Woerden, *What a Waste 2.0: A global Snapshot of Solid Waste Managment to 2050*, 2018, p. 29.
36 〈https://ourworldindata.org/food-waste-emissions〉.
37 서플러스 공식 홈페이지〈https://sirplus.de/pages/welthungerhilfe〉.
38 〈남은 음식을 판매해 3만톤 음식물 절약하는 투굿투고앱〉, 《임팩트온》, 2021. 5. 21.
39 어글리어스 공식 페이지〈https://uglyus.co.kr〉.
40 환경부 국립환경과학원, 〈식품수입에 의한 푸드 마일리지 및 이산화탄소 배출량 산정 결과〉, 2012. 5. 15.
41 농림축산식품부, 〈양정 자료〉, 2021. 10, 37쪽.
42 EAT, *Diets for a Better Future*, 2020, p. 33.
43 위의 자료, p. 31.
44 한국무역협회, 보도자료 〈고기 없는 햄버거가 쏘아 올린 공, 단백질 대전환의 시대〉, 2021. 5. 6.

04 이제는 자동차, 비행기와 거리를 둘 때

1 〈기후 위기 막자더니… COP 참석 정상들 탄소 배출 앞장〉, 《세계일보》, 2021. 11. 02.
2 환경부, 보도자료 〈온실가스 배출량 2018년 이후 2년 연속 감소 예상〉, 2021. 6. 9.
3 온실가스종합정보센터, 〈2020 국가 온실가스 인벤토리 보고서〉, 2020, 2-16쪽.
4 국토교통부, 자동차 등록 현황〈http://www.index.go.kr/potal/main/EachDtlPageDetail.do?idx_cd=1257〉.
5 국토교통부, 보도자료 〈지난해 전국 도로연장 600km 늘고 교통량도 2.6%↑ - 국토

부, 2019년 전국 도로현황·교통량 조사통계 발표〉, 2020. 4. 27.

6 국토교통부, 위의 자료.

7 관계부처 합동, 〈제2차 기후변화대응 기본계획〉, 2019, 27쪽.

8 탄소중립위원회, 〈2050 탄소중립 시나리오〉, 2021, 60~61쪽.

9 국토교통부, 보도자료 〈우리 국민 2.1명당 자동차 1대 보유-상반기 자동차 등록대수 2,400만 대(2,402만 대) 돌파〉, 2020. 8. 24.

10 한국교통안전공단, 〈지역별 차종별 도로부문 온실가스 배출량〉, 2019〈https://www.data.go.kr/data/15061155/fileData.do〉.

11 국토교통부, 위의 자료.

12 존 로산트, 스티븐 베이커, 《바퀴의 이동》, 이진원 옮김, 소소의책, 2021, 10쪽.

13 국토교통 통계누리 홈페이지, '자동차교통사고발생현황(연도별)'에서 기간별로 조회할 수 있다 〈https://stat.molit.go.kr/portal/cate/statView.do?hRsId=434&hFormId=&hDivEng=&month_yn=〉.

14 〈교통사고 사망 10명 중 4명 '보행자'… "운전자 일단 '멈춤' 습관 필요"〉, 《뉴스1》, 2021. 11. 6.

15 〈지난해 국산車 판매 중소형차 줄고 대형차 32.7%↑… 제네시스 2배 증가〉, 《서울경제》, 2021. 2. 14.

16 〈욕하면서 본다? '카푸어' 열풍 속 뒤틀린 대중심리〉, 《국민일보》, 2021. 12. 25.

17 〈지난해 국내 택배 물량 33억7000만개… 21%↑〉, 《한국경제》, 2021. 2. 19.

18 〈[에너지전환 팩트체크] ⑦전기차 온실가스 감축에 큰 효과 없다?〉, 《뉴스톱》, 2021. 10. 29.

19 〈연료탱크 속 전기〉, 《지구를 살리는 지도-교통》, 작은것이 아름답다 특별호 274호, 2021, 15쪽.

20 〈'전기차=탈탄소' 공식, 반은 맞고 반은 틀리다〉, 《경향신문》 2021. 11. 10.

21 〈툰베리는 비행기도 안 탄다는데… 한국은 공항을 10개나 더 짓는다고요?〉, 《한국일보》, 2021. 9. 29.

22 〈항공운송협회 "2050년까지 탄소배출 제로" 결의… 항공업계 "보조금 없인 불가능"〉, 《조선비즈》, 2021. 10. 6.

23 〈휘발유 없는 세상으로 한 걸음〉, 《한겨레21》, 2021. 11. 19.

24 Manfred Lenzen·Ya-Yen Sun·Futu Faturay·Yuan-Peng Ting·Arne Geschke·Arunima Malik, "The carbon footprint of global tourism", *Nature Climate Change*, 2018의 연구에 따른 2013년 기준 값이다. 항공교통뿐 아니라 음식, 숙박, 서비스 등을 포함한 온

실가스 배출량이다. 다음 웹사이트에서 지속가능한 여행과 관련한 내용을 확인할 수 있다 〈https://sustainabletravel.org/issues/carbon-footprint-tourism/〉.
25 홀리 터펜, 《지속가능한 여행을 하고 있습니다》, 배지혜 옮김, 한스미디어, 2021, 27~28쪽.
26 국가통계포털 홈페이지〈https://kosis.kr〉, '항공통계〉국제선 지역별 통계' 참조.
27 바질 편집부, 《BASIL V.09, 교통》, 윌든, 2020, 35쪽.
28 〈왜 지금 수도권에 철도가 필요할까? '모달 시프트'에 답이 있다〉, 《시사인》, 2021. 6. 11.
29 김상철, 〈기후위기 시대, 어떻게 이동할 것인가〉, 《지구를 살리는 지도-교통》, 작은것이 아름답다 특별호 274호, 2021, 36쪽.
30 〈왜 지금 수도권에 철도가 필요할까? '모달 시프트'에 답이 있다〉, 《시사인》, 2021. 6. 11.
31 〈지난해 국내 택배 물량 33억7000만개… 21%↑〉, 《한국경제》 2021. 2. 19.
32 바질 편집부, 위의 책, 26쪽.
33 탄소중립위원회, 〈2050 탄소중립 시나리오〉, 2021, 63쪽.
34 〈유연한 이동〉, 《지구를 살리는 지도-교통》, 작은것이 아름답다 특별호 274호, 2021, 11쪽.
35 위의 자료, 8쪽.
36 〈자전거 다니기 좋은 도시, 활력도 높다〉, 《경향신문》, 2020. 9. 19.
37 〈요소수대란, 친환경車 인식 계기… 전기차 늘리고 인프라 구축 박차〉, 《파이낸셜뉴스》, 2021. 11. 18.

05 건물이 달라져야 지구를 살릴 수 있어요

1 UN, *Global Sustainable Development Report*, 2019, pp. 84~85.
2 〈건물에서 배출하는 이산화탄소, 전체의 38%차지… 사상 최고〉, 《한겨레》, 2021. 12. 16.
3 환경부, 보도자료 〈2019년 온실가스 배출량 전년 대비 3.5% 감소, 7억 137만 톤〉, 2021. 12. 31.
4 한국패시브건축협회 홈페이지 자료실〈http://www.phiko.kr/bbs/board.php?bo_table=z3_01&wr_id=11〉.
5 국토교통부, 보도자료 〈"단열기준 강화 등 녹색건축정책으로 에너지효율 높였다"〉, 2019. 5. 29.

6 화성시, 보도자료 〈화성시 왕배푸른숲도서관, 전국 최초로 공공건축물 제로에너지 1등급 인증 획득〉, 2021. 1. 5.

7 국토교통부, 보도자료 〈전국 건축물 총 7,275,266동/39억 6천만㎡〉, 2021. 3. 9.

8 국토교통부, 보도자료 〈단열기준 강화 등 녹색건축정책으로 에너지효율 높였다〉, 2019. 5. 29.

9 서울연구원, 〈제로에너지건물 리모델링 활성화 위해 서울시, '건물 그린 뉴딜' 전략 추진해야〉, 2020, 19쪽.

10 〈1200명 기다리는데 3분의 1로 깎인 집수리 예산… 서울시 '탈도시재생' 때문?〉, 《경향신문》, 2021. 6. 21.

11 한국법제연구원, 〈기후보호계획 2050의 이행을 위한 독일연방정부의 기후보호 프로그램 2030〉, 2020, 129쪽.

12 〈독일의 소리 없는 기후혁명〉, 《이코노미인사이트》, 2021. 7. 1.

13 〈우리도 독일처럼… '에너지 은행' 정부가 나서서 만들면 어떨까〉, 《한겨레》, 2021. 7. 15.

14 서울연구원, 위의 자료, 14~15쪽.

15 추소연, 〈기후위기 적응을 위한 건물과 도시〉, 《대한민국 탄소중립 2050》, 크레파스북, 2021, 198쪽.

16 〈영국, 최소 에너지효율 충족 안 된 부동산 '5천 파운드' 벌금〉, 《에너지환경신문》, 2021. 8. 24.

17 질병관리본부, 〈2018 폭염으로 인한 온열질환 신고현황 연보〉, 2019, 12쪽.

18 질병관리청, 〈2020-2021절기 한파로 인한 한랭질환 신고현황 연보〉, 2021, 24쪽.

19 〈너무 싼 전기요금, 탄소중립과 관련 없을까?〉, 《한겨레》, 2021. 6. 22.

20 국가에너지통계 종합정보시스템, 지역별 전력 소비량〈http://www.kesis.net/sub/subChart.jsp?report_id=33150&reportType=0〉; 지역별 발전량〈http://www.kesis.net/sub/subChart.jsp?report_id=32180&reportType=0〉.

21 〈발전소 주변 주민들, 건강영향조사 결과 "믿지 못하겠다"〉, 《고성미래신문》, 2021. 9. 10.

22 서울특별시 기후환경본부 에너지시민협력과, 《서울시 에너지자립마을백서》, 2019. 12. 9쪽.

23 위의 자료, 23쪽.

24 〈아파트 주민들이 전기 아껴서 경비원 임금 올리고 고용 보장〉, 《경향신문》, 2014. 11. 28.

25 에너지슈퍼마켙 홈페이지〈www.e-super.co.kr〉.

06 경제활동과 탄소중립, 함께 갈 수 있을까?

1 글로벌 시장조사업체 시너지리서치그룹(Synergy Research Group)이 2021년 11월 17일에 발표한 결과로, 〈https://www.srgresearch.com/articles/as-hyperscale-data-center-capacity-doubles-in-under-four-years-the-us-still-accounts-for-half-of-the-total〉에서 확인할 수 있다.

2 국제에너지기구(IEA), "Data Centres and Data Transmission Networks", 2021. 11〈https://www.iea.org/reports/data-centres-and-data-transmission-networks〉.

3 〈www.enerdata.net〉에서 국가별 전력 사용량 자료를 확인할 수 있다.

4 산업통상자원부·에너지경제연구원, 〈2020 에너지통계연보〉, 2020.

5 위의 자료.

6 온실가스종합정보센터, 〈2020 국가 온실가스 인벤토리 보고서〉, 2020.

7 RE100 홈페이지〈www.there100.org/re100-members〉에서 확인할 수 있다.(검색일: 2022. 1. 9.)

8 위의 사이트.

9 RE100·CLIMATE GROUP·CDP, *RE100 Annual Progress and Insight Report 2020*, 2020.

10 〈팀 쿡 애플 CEO "인종차별 해소에 1,100억 원 투자〉, 《연합뉴스》, 2021. 1. 14.

11 〈"착한 기업이 롱런한다"… 연금 시장에 부는 'ESG 바람'〉, 《한국경제》, 2021. 10. 13.

12 한국거래소, 〈ESG 정보 공개 가이던스〉, 2021, 11쪽.

13 Natalia Ortiz-de-Mansojana·Pratima Bansal, "The long-term benefits of organizational resilience through sustainable business practices", *Strategic Management Journal*, 2015.

14 이은정·이유경, 〈ESG 경영이 주가수익률에 미치는 영향: COVID-19 확산에 따른 위기기간을 중심으로〉, 《금융연구》 제35권 3호, 한국금융연구원, 2021.

15 〈[탄소가격 Q&A ①] 탄소국경세가 국내 산업에 미치는 영향은?〉, 《그린포스트코리아》, 2022. 1. 13.

16 "Revealed: the 20 firms behind a third of all carbon emissions", *The Guardian*, 2019. 10. 9.

17 〈글로벌 기업 91%는 反기후대응 로비 중〉, 《임팩트온》, 2021. 4. 16.

18 〈글로벌 석유회사들 '꼼수' 온실가스 감축 빈축〉, 《이투뉴스》, 2021. 6. 4.

19 녹색연합, 보도자료 〈11개 기업집단, 국내 온실가스 배출량의 64% 차지… 주요그룹의 기후위기 책임 막중〉, 2021. 10. 26.

20 환경부 온실가스종합정보센터(http://www.gir.go.kr/home/main.do)에서 국가와 지역별, 기업별(명세서) 온실가스 배출량 통계를 받아 계산했다.

21 그린피스, 〈탈탄소 경쟁, 어디까지 왔나?: 한·중·일 30개 주요 기업 ICT 기업의 기후위기 대응 및 재생에너지 사용 평가 보고서(국문 요약본)〉, 2021.

22 〈너도나도 "ESG 경영"… 보여주기식·그들만의 리그 될라〉, 《경향신문》, 2021. 10. 19.

23 중소기업중앙회, 보도자료 〈'중소기업 ESG 애로조사' 결과 발표〉, 2021. 9. 30.

24 〈영국 신문에 '현대차 IRONIC' 비판 광고… 누가, 왜?〉, 《경향신문》, 2021. 7. 23.

25 〈현대건설 수주 꽝빈성 꽝짝1 화력발전소 착공… 총투자액 17억 8,980만 달러〉, 《인사이드비나》, 2021. 12. 14.

26 〈전력공기업, 탄소중립 비전 선포… "2050년까지 석탄발전 중단"〉, 《조선비즈》, 2021. 11. 10.

27 〈"인니·베트남, 탈석탄 선언… 한국 석탄화력 투자 괜찮을까"〉, 《에너지데일리》, 2021. 11. 5.

28 〈'30조' 英 퇴직연금, 한국전력 투자 철회… "기후변화 대응 부족"〉, 《더구루》, 2021. 12. 20.

29 환경운동연합, 보도자료 〈국민연금, 국민을 배신한 석탄을 위한 연금〉, 2021. 4. 20.

30 IRENA, *Renewable Energy and Jobs-Annual Review 2020*, 2020.

31 이유진, 〈그린뉴딜(Green New Deal) 시사점과 한국사회 적용〉, 국토연구원, 2019, 18쪽.

32 권승문, 〈한국형 그린뉴딜의 방향과 과제〉, 《모심과살림》 15호, 모심과살림연구소, 2020, 136쪽.

33 이혜경, 〈유럽그린딜(European Green Deal) 논의 동향과 시사점〉, 《외국입법 동향과 분석》 제25호, 국회입법조사처, 2020.

34 관계부처 합동, 〈한국판 뉴딜 종합계획〉, 2020.

35 〈기후변화 대응법 '미흡'… 그린뉴딜인데, 그린이 안 보인다〉, 《경향신문》, 2020. 6. 1.

36 〈'탄소 저감' 구체적 목표 없이… '대충' 그린 뉴딜〉, 《경향신문》, 2020. 7. 16.

37 〈정부, 그린뉴딜에 73조 원 쓴다는데… 환경단체 "그린 없는 뉴딜"〉, 《조선비즈》, 2020. 7. 16.

38 클라이밋 애널리틱스·기후솔루션, 〈석탄에서 재생에너지로 에너지 전환의 고용 영향 분석〉, 2021.

39 석탄을 넘어서(Korea Beyond Coal), 〈[이슈 브리핑 7] 탈석탄과 정의로운 전환: 개념 및 원칙, 주요 사례〉, 2021〈http://beyondcoal.kr/43/72〉.

40 〈곧 사라질 직장에 다니는 석탄 노동자들〉, 《경향신문》, 2021. 6. 4.
41 〈정부도 '정의로운 노동전환' 논의 시작〉, 《경향신문》, 2021. 5. 25.
42 관계부처 합동, 보도자료 〈'산업구조 변화에 대응한 공정한 노동전환 지원방안' 발표〉, 2021. 7. 22.
43 석탄을 넘어서, 위의 자료.

07 지구의 한계 안에서 함께 사는 삶

1 〈"미래가 겁나요"… 기후우울 덮치자, Z세대는 출산도 포기했다〉, 《서울신문》, 2021. 10. 31.
2 지구생태발자국네트워크 홈페이지에서 우리나라의 생태발자국 현황을 확인할 수 있다 〈https://data.footprintnetwork.org/#/〉.
3 외교부, 보도자료 〈대한민국, 유엔무역개발회의[UNCTAD] 선진국 그룹 진출〉, 2021. 7. 4.
4 〈"전세계 GDP, 내년 100조 달러 돌파… 韓 경제, 10위 수성"〉, 《조선비즈》, 2021. 12. 27.
5 〈https://worldhappiness.report/archive/〉에서 역대 보고서를 확인할 수 있다.
6 Helliwell, John F., Richard Layard, Jeffrey Sachs, and Jan-Emmanuel De Neve, eds, *World Happiness Report 2021*, Sustainable Development Solutions Network, 2021, pp. 18~19.
7 세계 GDP 순위는 CEBR, *World Economic League table 2022*, 2021, pp. 20~24에서 확인할 수 있다 〈https://cebr.com/wp-content/uploads/2021/12/WELT-2022.pdf〉.
8 〈한국 국가행복지수 OECD 37개국 중 35위〉, 《경향신문》, 2021. 5. 19.
9 한국은행, 《알기 쉬운 경제지표해설》, 2019, 13쪽.
10 이승주·최영준·이원재·고동현, 〈GDP를 넘어: 불안정성과 불확실성의 시대, 진정한 가치를 찾아서〉, 《인사이트2050》 06호, LAB2050, 2020, 4쪽.
11 〈코로나·기후위기 시대, GDP의 의미는〉, 《레디앙》, 2021. 4. 20.
12 산업통상자원부·한국에너지공단, 〈2020 신재생에너지 백서〉, 2020, 72쪽.
13 산업통상자원부·에너지경제연구원, 〈2020 에너지통계연보〉, 2020.
14 한국에너지공단 신재생에너지센터, 〈2020년 신재생에너지 보급통계〉, 2021, 144~145쪽.

15 온실가스종합정보센터, 〈2020 국가 온실가스 인벤토리 보고서〉, 2020, 2~9쪽.
16 마야 괴펠, 《미래를 위한 새로운 생각》, 나무생각, 김희상 옮김, 2021, 32~33쪽.
17 지구생태발자국네트워크가 발표한 지구 생태 용량 초과의 날은 홈페이지〈https://www.overshootday.org/newsroom/past-earth-overshoot-days/〉에서 확인할 수 있다.
18 글로벌카본프로젝트 홈페이지〈https://www.globalcarbonproject.org/carbonbudget/21/infographics.htm〉에서 2020년과 2021년 세계 이산화탄소 배출량을 확인할 수 있다.
19 〈뉴질랜드는 '행복'이 목표다〉, 《한겨레21》, 2019. 6. 30.
20 "The EU needs a stability and wellbeing pact, not more growth", *The Guardian*, 2018. 9. 16.
21 William Ripple et al., "World scientists warn of a climate emergency", *BioScience*, 2019.
22 요르고스 칼리스 외, 《디그로쓰》, 우석영·장석준 옮김, 산현재, 2021, 128쪽.
23 제이슨 히켈, 《적을수록 풍요롭다》, 김현우·민정희 옮김, 창비, 2021, 58~59쪽.
24 김해창, 《저탄소 대안경제론》, 미세움, 2013, 196쪽.
25 한국사회적기업진흥원, 《2021 한 손에 잡히는 사회적기업》, 2021, 10쪽.
26 한국사회적기업진흥원, 위의 자료, 12쪽.
27 김해창, 위의 책, 216쪽.
28 〈"프랑스 1유로 내라" 지구 위한 큰 판결〉, 《경향신문》, 2021. 2. 4.
29 〈'탄소배출, 미래세대에 전가 안 돼'… 독일 헌재 결정, 한국 기후소송에 영향 줄까?〉, 《경향신문》, 2021. 9. 15.
30 조효제, 《탄소 사회의 종말》, 21세기북스, 2020.
31 청소년기후행동 홈페이지〈https://youth4climateaction.org/Demands/?q=YToxOntzOjEyOiJrZXl3b3JkX3R5cGUiO3M6MzoiYWxsIjt9&bmode=view&idx=7447659&t=board〉에서 자세한 제안 내용을 확인할 수 있다.
32 〈"내연기관차 팔면 벌금 1억… 대선 후보들, 이 공약 어때요"〉, 《경향신문》, 2021. 12. 9.
33 홍태희, 〈먼저 지옥문을 닫고 '성장 너머 행복의 나라'로 가자!〉, 《황해문화》 통권 제93호, 2016. 12, 120쪽.

참고자료

단행본

- 김백민, 《우리는 결국 지구를 위한 답을 찾을 것이다》, 블랙피쉬, 2021.
- 김병권, 《기후위기와 불평등에 맞선 그린뉴딜》, 책숲, 2020.
- 김재필, 《ESG 혁명이 온다》, 한스미디어, 2021.
- 김해동, 《기후위기 과학특강: "도와줘요, 기후 박사!"》, 한티재, 2021.
- 김해창, 《저탄소 대안경제론》, 미세움, 2013.
- 김현우, 《정의로운 전환》, 나름북스, 2014.
- 데이비드 월러스 웰즈, 《2050 거주불능 지구》, 김재경 옮김, 추수밭, 2020.
- 로렌조 피오라몬티, 《GDP의 정치학》, 김현우 옮김, 후마니타스, 2016.
- 리베카 헨더슨, 《자본주의 대전환》, 임상훈 옮김, 이관휘 감수, 어크로스, 2021.
- 마야 괴펠, 《미래를 위한 새로운 생각》, 김희상 옮김, 나무생각, 2021.
- 민마루, 《지구인을 위한 패스트 패션 보고서》, 썬더키즈, 2021.
- 바츨라프 스밀, 《에너지란 무엇인가》, 윤순진 옮김, 삼천리, 2011.
- 박재용, 《1.5도, 생존을 위한 멈춤》, 뿌리와이파리, 2019.
- 사이토 고헤이, 《지속 불가능 자본주의》, 김영현 옮김, 다다서재, 2021.
- 엘리자베스 L. 클라인, 《나는 왜 패스트 패션에 열광했는가》, 윤미나 옮김, 세종서적, 2013.
- 요르고스 칼리스·수전 폴슨·자코모 달리사·페데리코 데마리아, 《디그로쓰》, 우석영·장석준 옮김, 산현재, 2021.
- 요한 록스트룀·마티아스 클룸, 《지구 한계의 경계에서》, 김홍옥 옮김, 에코리브르, 2017.
- 우자와 히로후미, 《자동차의 사회적 비용》, 임경택 옮김, 사월의책, 2016.
- 전의찬 외, 《기후변화 27인의 전문가가 답하다》, 지오북, 2016.
- 전현우, 《거대도시 서울 철도》, 워크룸프레스, 2020.
- 제이슨 히켈, 《적을수록 풍요롭다》, 김현우·민정희 옮김, 창비, 2021.

• 조지프 스티글리츠·아마르티아 센·장 폴 피투시, 《GDP는 틀렸다》, 박형준 옮김, 동녘, 2011.
• 조천호, 《파란하늘 빨간지구》, 동아시아, 2019.
• 조효제, 《탄소 사회의 종말》, 21세기북스, 2020.
• 존 로산트·스티븐 베이커, 《바퀴의 이동》, 이진원 옮김, 소소의책, 2021.
• 케이트 레이워스, 《도넛 경제학》, 홍기빈 옮김, 학고재, 2018.
• 케이트 소퍼, 《성장 이후의 삶》, 안종희 옮김, 한문화, 2021.
• 하승우, 《탈성장 쫌 아는 10대》, 풀빛, 2021.
• 홀리 터펜, 《지속가능한 여행을 하고 있습니다》, 배지혜 옮김, 한스미디어, 2021.

문헌자료

• 관계부처 합동, 〈2020년 이상기후 보고서〉, 2021.
• 관계부처 합동, 〈2030 국가 온실가스 감축목표(NDC) 상향안〉, 2021.
• 관계부처 합동, 〈제2차 기후변화대응 기본계획〉, 2019.
• 관계부처 합동, 〈한국판 뉴딜 종합계획〉, 2020.
• 국립기상과학원, 〈지구대기감시보고서 특별판〉, 2021.
• 국립기상과학원, 〈한반도 기후변화 전망보고서 2020 개정판〉, 2020.
• 국토교통부, 보도자료 〈우리 국민 2.1명당 자동차 1대 보유-상반기 자동차 등록대수 2,400만 대(2,402만 대) 돌파〉, 2020. 8. 24.
• 국토교통부, 보도자료 〈지난해 전국 도로연장 600km 늘고 교통량도 2.6%↑-국토부, 2019년 전국 도로현황·교통량 조사통계 발표〉, 2020. 4. 27.
• 권승문, 〈기후변화와 건강: 누가 폭염으로 숨지는가〉, 《2018시민건강실록》, 시민건강연구소, 2018.
• 권승문, 〈기후위기는 평등하지 않다〉, 《인권》 통권 130호, 국가인권위원회, 2020.
• 권승문, 〈탈성장: 녹색성장과 그린뉴딜을 넘어〉, 《에너진포커스》 99호, 에너지기후정책연구소, 2020.
• 권승문, 〈한국 에너지협동조합 운동의 새로운 도전과 과제〉, 《제1회 아이쿱 협동조합 논문 공모전 수상작 모음집》, 아이쿱협동조합연구소, 2014.
• 권승문, 〈한국형 그린뉴딜의 방향과 과제〉, 《모심과살림》 15호, 모심과살림연구소, 2020.

- 권승문·김현우·손은숙·이강준·이영란, 〈한국 녹색일자리의 실태 심층 조사 연구〉, 프리드리히에버트재단 한국사무소, 2015.
- 그린피스, 〈탈탄소 경쟁, 어디까지 왔나?: 한·중·일 30개 주요 기업 ICT 기업의 기후위기 대응 및 재생에너지 사용 평가 보고서(국문 요약본)〉, 2021.
- 기상청, 〈지구온난화 1.5℃ SPM 주요 내용〉, 2018.
- 기상청, 〈지구온난화 1.5℃ 특별보고서 해설서〉, 2020.
- 기상청, 보도자료 〈기후위기 대응을 위한 시간, 얼마 남지 않았다〉, 2021. 8. 8.
- 김민주·김수린·김창훈, 〈전 세계 탄소중립 선언 동향 및 평가〉, 《세계 에너지시장 인사이트》 제21-21호, 에너지경제연구원, 2021.
- 김지희, 〈RE100 관련 글로벌 동향 및 시사점〉, 《KEMRI 전력경제 REVIEW》 제11호, 한전경영연구원, 2019.
- 김창훈·김수린, 〈IEA가 제시하는 2050 탄소중립 달성의 필수조건〉, 《세계 에너지시장 인사이트》 제21-12호, 에너지경제연구원, 2021.
- 남미자·박복선, 〈탈성장주의 교육의 의미와 가능성〉, 《이슈페이퍼》 2021-04, 경기도교육연구원, 2021.
- 대한무역투자진행공사, 〈해외 기업의 ESG 대응 성공사례〉, 2021.
- 대한민국정부, 〈대한민국 2050 탄소중립 전략〉, 2020.
- 바질 편집부, 《BASIL V. 09 교통》, 월든, 2020.
- 바질 편집부, 《BASIL V. 10 옷》, 월든, 2020.
- 박병도, 〈기후변화와 인권의 연관성에 관한 국제법적 검토〉, 《일감법학》 제42호, 건국대학교 법학연구소, 2019.
- 박연수, 〈RE100 캠페인의 현황 및 시사점〉, 《이슈와 논점》 제1523호, 국회입법조사처, 2018.
- 배규식, 〈미래의 노동위기의 내용과 극복방안〉, 《행정포커스》 제151호, 한국행정연구원, 2021.
- 산업통상자원부·에너지경제연구원, 〈2020 에너지통계연보〉, 2020.
- 산업통상자원부·한국에너지공단, 〈2020 신재생에너지 백서〉, 2020.
- 석탄을 넘어서(Korea Beyond Coal), 〈[이슈 브리핑 7] 탈석탄과 정의로운 전환: 개념 및 원칙, 주요 사례〉, 2021.
- 연경흠, 〈글로벌 탄소중립 로드맵-IPCC, EU, IEA, IRENA 경로 비교와 시사점〉, 《딜로이트인사이트》, 2021.
- 옥스팜, 〈죽음을 부르는 불평등〉, 2022.

- 옥스팜, 〈탄소 불평등에 직면하다-기후정의, 코로나19 위기 극복의 핵심〉, 2020.
- 온실가스종합정보센터, 〈2020 국가 온실가스 인벤토리 보고서〉, 2020.
- 이수진·허동숙, 〈프랑스 안 이달고 파리시장의 '내일의 도시 파리' 정책 공약〉, 《국토 이슈리포트》 제32호, 국토연구원, 2021.
- 이승주·최영준·이원재·고동현, 〈GDP를 넘어: 불안정성과 불확실성의 시대, 진정한 가치를 찾아서〉, 《인사이트2050》 06호, LAB2050, 2020.
- 이유진, 〈그린뉴딜(Green New Deal) 시사점과 한국사회 적용〉, 국토연구원, 2019.
- 이은정·이유경, 〈ESG 경영이 주가수익률에 미치는 영향: COVID-19 확산에 따른 위기기간을 중심으로〉, 《금융연구》 제35권 3호, 한국금융연구원, 2021.
- 이혜경, 〈유럽그린딜(European Green Deal) 논의 동향과 시사점〉, 《외국입법 동향과 분석》 제25호, 국회입법조사처, 2020.
- 작은것이 아름답다 편집부, 《목화다》 작은것이 아름답다 241호, 2016.
- 작은것이 아름답다 편집부, 《지구를 살리는 지도-교통》 작은것이 아름답다 특별호 274호, 2021.
- 작은것이 아름답다 편집부, 《지구인 패션쇼》 작은것이 아름답다 263호, 2018.
- 클라이밋 애널리틱스·기후솔루션, 〈석탄에서 재생에너지로 에너지 전환의 고용 영향 분석〉, 2021.
- 탄소중립위원회, 〈2050 탄소중립 시나리오〉, 2021.
- 포스코, 〈기업시민 보고서〉, 2021.
- 한겨레21 편집부, 《쓰레기 TMI》 제1374호~제1375호 통권호, 2021. 8.
- 한국거래소, 〈ESG 정보 공개 가이던스〉, 2021.
- 한국사회적기업진흥원, 〈2021 한 손에 잡히는 사회적기업〉, 2021.
- 한국에너지공단 신재생에너지센터, 〈2020년 신재생에너지 보급통계〉, 2021.
- 홍태희, 〈먼저 지옥문을 닫고 '성장 너머 행복의 나라'로 가자!〉, 《황해문화》, 2016.
- 환경부, 보도자료 〈2050 탄소중립을 위한 이정표 마련〉, 2021. 10. 26.
- 환경부, 보도자료 〈온실가스 배출량 2018년 이후 2년 연속 감소 예상〉, 2021. 6. 9.
- 환경부, 보도자료 〈초미세먼지 저감 정책효과, 정밀 관측자료로 확인〉, 2021. 12. 20.
- CEBR, *World Economic League table 2022*, 2021.
- Helliwell, John F., Richard Layard, Jeffrey Sachs, and Jan-Emmanuel De Neve, eds, *World Happiness Report 2021*, Sustainable Development Solutions Network, 2021.
- IPCC, *Climate Change 2021, The Physical Science Basis-Summary for Policymakers*, 2021.

- UNDP, *Human Development Report 2020*, 2020.
- William Ripple et al., "World scientists warn of a climate emergency", *BioScience*, 2019.
- World Economic Forum, *Dashboard for a New Economy Toward a New Compass for the Post-COVID Recovery*, 2020.

이미지 출처

30쪽 Ministry of Justice, Communication and Foreign Affairs, Government of Tuvalu

60쪽 The Greens/EFA(flikr)

115쪽 연합뉴스

151쪽 밀양·청도 송전탑 반대 투쟁 온라인 기록관(원작자: 박중엽)

177쪽 마켓포시스(Market Forces), Designed by Jarren Nylund

212쪽 청소년기후행동

오늘부터 시작하는 탄소중립

1판 1쇄 발행일 2022년 4월 18일
1판 4쇄 발행일 2023년 10월 18일

지은이 권승문 · 김세영

발행인 김학원
발행처 (주)휴머니스트출판그룹
출판등록 제313-2007-000007호(2007년 1월 5일)
주소 (03991) 서울시 마포구 동교로23길 76(연남동)
전화 02-335-4422 **팩스** 02-334-3427
저자 · 독자 서비스 humanist@humanistbooks.com
홈페이지 www.humanistbooks.com
유튜브 youtube.com/user/humanistma **포스트** post.naver.com/hmcv
페이스북 facebook.com/hmcv2001 **인스타그램** @humanist_insta

편집주간 황서현 **편집** 이여경 남미은 **디자인** 박진영 **일러스트** 리무
조판 홍영사 **용지** 화인페이퍼 **인쇄 · 제본** 정민문화사

ISBN 979-11-6080-832-2 43330